折射集
prisma

照亮存在之遮蔽

日本姓名的历史学

〔日〕奥富敬之 著
何慈毅 译

名字の歴史学

南京大学出版社

江苏省版权局著作权合同登记　图字：10－2023－49 号

图书在版编目(CIP)数据

日本姓名的历史学 /（日）奥富敬之著；何慈毅译．—南京：南京大学出版社，2025.6
ISBN 978－7－305－27599－9

Ⅰ．①日…　Ⅱ．①奥…　②何…　Ⅲ．①日语—姓名—历史—研究　Ⅳ．①K810.2

中国国家版本馆 CIP 数据核字(2024)第 023137 号

出版发行　南京大学出版社
社　　址　南京市汉口路 22 号　　　　邮　编 210093

书　　名　日本姓名的历史学
RIBEN XINGMING DE LISHIXUE
著　　者　〔日〕奥富敬之
译　　者　何慈毅
责任编辑　张　静

照　　排　南京紫藤制版印务中心
印　　刷　江苏苏中印刷有限公司
开　　本　787 mm×1092 mm　1/32 开　印张 5.375　字数 120 千
版　　次　2025 年 6 月第 1 版
印　　次　2025 年 6 月第 1 次印刷
ISBN 978－7－305－27599－9
定　　价　50.00 元

网址：http://www.njupco.com
官方微博：http://weibo.com/njupco
官方微信号：njupress
销售咨询热线：(025)83594756

前　言

昭和二十七年（1952）七月，日本历史学会的杂志《日本历史》第五十期刊登了早稻田大学教授洞富雄先生的一篇论文，题目是《江户时代普通庶民是否皆无姓氏》。

在当时的日本，一直以来普遍相信江户时代的平民是没有姓氏的，甚至专门研究日本历史的学者们也都如此认为。而且，在文部省（现为文部科学省）审查通过的历史教科书中，也白纸黑字写着“江户时代禁止平民拥有姓氏和佩刀”。江户时代的平民没有姓氏这一概念，已经成了包括学者在内的所有日本人的常识。

洞教授的这篇论文从正面向这一“常识”发起了挑战，可谓一石激起千层浪。他指出，江户时代的平民也是拥有姓氏的，只是对外不使用而已。

洞教授在论文中举出了众多实例作为论据。论证坚实，且细致而准确。尤其是字里行间透着一股气势，令人难以轻率地做出反驳。

当然，也没有任何人出来进行反驳。不仅如此，相反，学术界受到这篇爆炸性论文的启发，接连不断地发表了赞同这一观点的论文。学者们举出了很多例子，证实了江户时代在关西、九州、关东等日本各地的平民百姓是拥有姓氏的，并在学术界发表了研究成果。甚至有研究明确指出，在江户时代即便是贫农也有姓氏。

随之，调查研究又进一步深入开展。

有论文指出，平民在参与拜神活动的时候也会对外使用姓氏。还有研究证实，不仅是在参与拜神活动的时候，而且在参与私人性质的婚庆或葬礼等活动时，平民也会使用自己的姓氏。有一篇论文经过考证，证实了平民之所以不称姓氏，是因为身处官方场合。还有一篇论文推测，由于平民在领主面前不称自己的姓氏，所以很可能姓氏与领地之间存在着某种关联。

总而言之，学术界也慢慢认可江户时代的平民是有姓氏的，只不过不对外使用而已。于是，江户时代的平民为何对外不使用姓氏，又成了新的研究课题。很多学者认为，其原因要追溯到江户时代之前。人们自然又把对姓氏研究的目光投向日本中世，甚至追溯到了古代。于是，重新对镰仓时代的武士社会以及平安时代的贵族阶层展开了进一步的探讨。

研究结果不断给我们带来种种新的发现。

可以肯定的是，姓氏与领地确实有关联。江户时代所记录的“苗字”，在镰仓时代文献资料里的文字记载是

“名字”[1]，也有零星记载为“名字之地”。研究结果还指出，有文献史料记载了镰仓时代的武士社会存在一种叫作“削名字”的禁止使用姓氏的制裁措施，这相当于平安时代贵族社会存在的“放氏”制裁。

所谓“放氏”，就是将某人逐出本氏族。于是，研究方向自然而然又转到了氏的问题上，即“氏”究竟为何的问题。研究一直追溯到了比奈良时代更早的大和朝廷时代，因为大和朝廷本身就属于一个氏族联合政权。

如此这般，洞教授发表的这篇有关姓氏的爆炸性论文，追根溯源，又引发了学术界对日本古代大和朝廷时代问题研究的关注。

---

1 日语中汉字词“苗字”，中文意思即“姓氏”。日语汉字词“名字”与“苗字”意思大致相当，但“名字”内涵更广，还包括“氏名”“来自其领地的名称”等意思(后文亦将详细论及)。本书日语原名即『名字の歴史学』，为与单纯的“姓”区别开来，译为《日本姓名的历史学》。——译者注(本书中的脚注都是译者注，而文章括号中的注释则是原作者注。)

目　录

第一章

姓名为天皇所赐

一、 统领氏族的姓氏[1]制度

氏名即氏族的名称

日本最早的统一政权大和朝廷，简单来说是一个氏族联合政权。众多氏族聚集在天皇之下，构筑起一个政权。

每个氏族集团被称为某“氏”，氏族首领被称作“氏上”，统领管理着具有相同血缘的“氏人”们。其下有不同血缘的奴婢，与之构成从属关系。这些奴婢又被叫作“部曲”或“部民”。也就是说，某“氏”是由一位氏上和多位氏人，以及众多部曲构成的。

天皇家族也一样。天皇是天皇氏这个氏族的氏上。所谓皇族，便是天皇的氏人。不过，从属于天皇氏的奴婢们则不叫部曲，他们有着一个特别称谓，叫作“品部”。

当时氏族集团的数量相当多。据说在公元 645 年的大化改新时期，就有超过 100 个。此后又不断增加，在进入平安时代的弘仁六年（815）成书的《新撰姓氏录》中，竟记录有 1182 家氏族的名字。这部姓氏录由嵯峨天皇下令编纂，是日本左右

1　在日本，与血统有关的是“氏”，“姓”（かばね）来自天皇所赐，与血统无关，表示尊卑序列。这一点与中国的概念完全不同，为避免误解，本章中所说的姓氏，为日本概念的姓氏。

京、五畿内古代氏族系谱的集大成。其中，苏我、葛城、巨势、阿倍、香山、当麻、平群、宇治、飞鸟、大和、樱井等氏族的名字都集中在大和朝廷，想必都是由来于大和国的地名。

但是，也有不少氏族的名字由来于大和国以外的地名。从当时的国名而来的有：出云（岛根县）、淡海（滋贺县）、岛津（对马、长崎县）、尾张（爱知县）、筑紫（九州）、毛野（群马县、枥木县）、吉备（冈山县、广岛县东部）、高志（福井县、新潟县、富山县、石川县）等。此外，从其他地名而来的氏名有：三岛、长冈、名张、吉野、我孙、犬上、住吉、桑名、与等、丰岛、难波、葛原等。

在作为氏族联合政权的大和朝廷内，每个氏族各自都分别掌管着一定的职能，服务于朝廷。因此，除了来自地名的氏名，显示氏族职能的氏名也很常见。比如，中臣氏居于神和人之间，掌管着祭祀；忌部氏则洁身侍奉着神灵；物部氏的“物部”一词源于“物化”，其氏族的职能是拿起物件（武器）征讨妖孽等；大伴氏拥有众多将士，负责朝廷的军事；久米氏负责朝廷的警卫；膳氏专门负责天皇的饮食。其他，如玉作氏负责装饰品制作，衣缝氏负责裁缝，服部氏负责制衣，锦织氏负责锦缎制作，弓削氏负责弓箭制作，舂米氏负责脱谷和精米，犬养氏负责猎犬的饲养和训练，鸟饲氏负责猎鹰的饲养和训练，鹈饲氏负责鸬鹚的饲养和训练，等等。如上所述，只要看一下这些氏族的名字，便可知其所掌管的职能了。另外，从海外移民来的渡来人系列中，有秦氏、东汉氏和西汉氏这三家，好像是专门掌管文书事务的。

氏名是氏族的名称，并非个人名称。因为所有个人，或氏人，或奴婢，都隶属于氏族集团，所以氏上当然更不用说，氏人与奴婢也都是可以对外使用本族氏名的。

例如大化改新之时，暗杀了苏我入鹿的中大兄皇子想要拉拢苏我氏的氏人仓山田石川麻吕入伙，但是仓山田石川麻吕自称："吾乃苏我仓山田石川麻吕。"他使用了"苏我"这一氏名。类似氏人对外使用其氏族名称的例子，在《新撰姓氏录》中亦有所见。比如中臣氏的氏人子上自称"中臣子上"，以雄柄宿祢稻茂为氏上的雄柄氏的氏人荒人自称"雄柄荒人"，等等。不过，在《古事记》和《日本书纪》中，氏上使用氏名的例子很多，而氏人使用氏名的例子则未曾发现，更何况奴婢，他们使用氏名的例子一例未见。

另外，在现今电话号码簿上所登录的姓氏中，也能看到与古代氏名相同的姓氏。例如：三宅、川原、山口、坂本、入间、三枝、林、佐伯、柏原、越智、竹田、小山、宫部、长谷、高桥、久米、菅原、生田、竹原、平冈、恩智、和田、高野、永原、吉田、桑原、田中、大野、日下部、矢田部、长谷部、岸田、五百木、田边等。

表示尊卑序列的姓名

中央氏族的氏上入朝为官，负责自己的氏族所掌管的职能部门，或参加氏上们召开的会议。这种时候，很可能是按照姓来决定席次的。有研究说，姓原本是氏人们称呼氏上时所使用的尊称，但是我认为其中有误。在大和朝廷，姓是相互联合或称臣的时候，天皇根据其氏的身份高低授予氏上的尊称，已经具有相应的尊卑序列。也就是说，相当于后来的爵位。

当时，姓名多达二十种，有真人、大臣、大连、臣、连、宿祢、君、造、公、直、首、史、忌寸、县主、村主等。

总而言之，姓是天皇授予的，又叫作“赐姓”。而使用天皇所授予的姓，就意味着承认天皇之位高于自己，誓言对天皇臣服与忠诚。

所以，天皇及其家族是没有姓的。因为，若是天皇有姓，就会出现“其姓由谁授予”“是否有其位高于天皇的存在”等问题了。

总之天皇必须是位居最高。所以天皇与皇族没有姓。这种习惯一直继承了下来，直至今日，天皇与皇族依然没有姓。

我们来看一下《日本书纪》中氏上们对外使用称呼的记录。最初很多例子是“氏名＋实名＋姓名”的顺序。因为天皇赐姓予氏上个人，所以说其本人理所当然使用此姓。但是，在《日本书纪》卷十九第二十九代钦明天皇时，逐渐变成了“氏名＋姓名＋实名”的顺序了（参照图1）。

同样是赐姓，并非只授予姓，随着时代演变，慢慢出现了授予“氏名＋姓名”的形式。这时，使用时在氏名和姓名之间加上一个“之”，例如“氏名之姓名”。不过，我们在考虑大多数氏

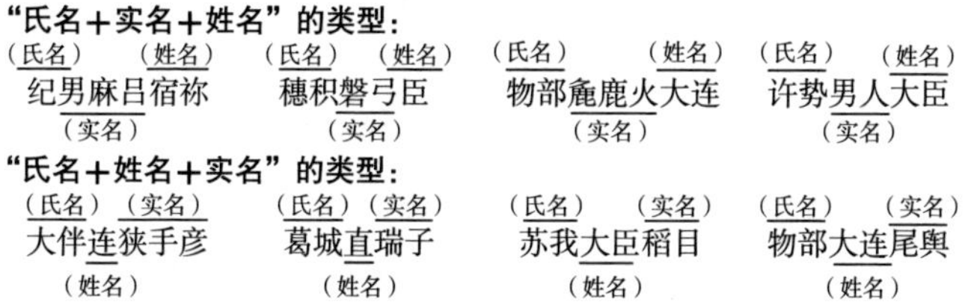

“氏名＋实名＋姓名”的类型：

（氏名）（姓名）	（氏名）（姓名）	（氏名）（姓名）	（氏名）（姓名）
纪男麻吕宿祢	穗积磐弓臣	物部麁鹿火大连	许势男人大臣
（实名）	（实名）	（实名）	（实名）

“氏名＋姓名＋实名”的类型：

（氏名）（实名）	（氏名）（实名）	（氏名）（实名）	（氏名）（实名）
大伴连狭手彦	葛城直瑞子	苏我大臣稻目	物部大连尾舆
（姓名）	（姓名）	（姓名）	（姓名）

图 1

（氏族）的性质的时候，就有必要按姓将其分成若干种类型。

首先，最初是皇系氏族。

以天皇为第一代的氏族，即使到了其子、孙、曾孙，通常也属于天皇氏族的氏人，也就是属于皇族，可称亲王、内亲王，或者可称王、女王等。但是经历了数代之后，还是要脱离天皇氏这一氏族集团的。届时，由于已经不属于天皇氏的氏人了，因此就脱离皇籍，自然而然就降为家臣，这叫作“降为臣籍”。

因为他们在身为天皇氏的氏人时未曾有姓，所以一旦降为臣籍，建立新的氏族，就必然要接受天皇的赐姓，还须使用新的氏名。

就是说，皇族一旦脱离皇籍，随之而来的就是接受赐姓，使用“氏名＋姓名”。这不仅仅是姓名的问题。

根据《古事记》《日本书纪》以及《新撰姓氏录》的记录，成立于大和时代的皇系氏族的氏名有：息长、山道、坂田、八多、三国、守山、大原、香山、登美、蜷渊、三岛、淡海、高阶、春日、当麻、丰野、酒人、多治、为名、文室等。而天皇赐予这些氏族的姓，绝大多数是“真人”[1]。

那么，是否这些之前还属于具备神灵性质的天皇氏族的氏人，降为臣籍后便成为普通平民了呢?

绝大多数来自皇系的氏族仍居住在皇都之内，移居到地方上的例子几乎没有。但是这些皇系诸氏在朝廷政界并不活跃。

相对而言，似乎臣系诸氏反而在大和朝廷拥有较大的势力。这些拥有大臣、臣、君等姓名的臣系诸氏中有苏我、葛城、巨势、阿倍、宇治等。正如前面所提到的，这些氏名都由来于大和国内的地名。这些臣系诸氏，各自又与天皇氏族缔结了婚姻关系。有研究认为，与其说他们称臣于天皇氏，不如说他们与天皇氏形成了一种对等的关系。而苏我氏又是臣系诸氏的代表，其姓为“大臣”。

与臣系诸氏相对应的是连系诸氏，有物部、大伴、中臣、忌部等诸氏，其姓为大连、连等。连系诸氏直接从属于天皇氏，各自担任着相应的职能，服务于天皇氏。其中，物部氏为连系诸氏的代表，其姓为“大连”。

在连系诸氏的麾下是伴造系诸氏，有弓削、犬养、马饲、鹈甘、舂米、膳、服部、衣缝、锦织、玉作、秦、东汉、西汉、久米等氏族，分担着进一步细化了的朝廷职能。

这些伴造系诸氏的姓有很多种，如膳臣、犬养宿祢、衣缝

1　真人在姓名的尊卑序列中居首位。

造、久米直、春米宿祢、弓削宿祢、东汉直等，还有臣、直、造等，其中宿祢占绝大多数。

以上皇系、臣系、连系以及伴造系等诸氏，基本上属于中央氏族集团，大部分都居住在都城。

与此相对，居住在地方的是国造系诸氏。作为地方豪族，这些氏族具有极强的独立性。大部分氏族在臣服于大和朝廷、接受赐姓以后，便以居住地为本族氏名，并冠于姓名之前。虽说也有像出云国大豪族的出云氏这种以臣为姓的例子，但国造系诸氏的姓大都为国造、县主、村主、首、史等。

在大和朝廷中，偏重中央、轻视地方的风气极为明显。

总而言之，大和朝廷是一个通过姓名来体现地位尊卑的，由各氏族聚集而成的联合政权。我们将这种形式叫作氏姓制度。

二、 提高天皇权威的赐姓

赐姓的例子

虽说在大和朝廷统一过程中，天皇给或联合或臣服过来的各氏族的氏上赐姓，但是我们至今仍未厘清大和朝廷的统一过程本身，因此无法列举出在统一过程中赐姓的具体例子。不过，就天皇的代数而言，自第十代崇神天皇以后，各种赐姓的例子开始见多。在这一时期，即便已经接受了赐姓，使用时采取的依然还是“氏名+姓名”的形式。

下面我们来探讨一下《日本书纪》《古事记》《新撰姓氏录》等史料中有关赐姓的各种例子。

首先来看磐鹿六雁王的例子。因为他是第八代孝元天皇的皇子大彦命的孙子，所以如果从孝元天皇算起，到他已是第四代了，他脱离皇籍，降为了臣籍。

故事发生在第十二代景行天皇巡游东国，从上总国（千叶县）渡海到安房国（千叶县）的时候。据说六雁王从海里捕获了一只硕大的白蛤，将其烹调以后献给景行天皇享用。天皇食用后觉得味道极其鲜美，于是赐姓六雁王为“膳大伴部”。

再来看一下彦命王的例子。他是第九代开化天皇的皇子彦坐命的第四代子孙，若以开化天皇为第一代算起，他已经是第六代了。彦命王因为在征讨北夷时立下了战功，征服虾夷大胜而归，于是天皇将近江国浅井郡内（滋贺县）的一块地赏赐给了他。彦命王在此地开发新田，建造水田，故被赐姓“治田连”。所谓“治田”就是开荒种地创建水田，彦命王便以此作为氏名。

最后我们再来看一下同样是景行天皇时期的例子。某年，酷日持续，天下大旱，流经京城的河水也都干涸了，很多水井也出不了水。此时，第十代崇神天皇后裔，皇族第六代的阿利真王挺身而出。他制造了又高又大的木桶，从京城周边的山里收集溪涧流水，运入宫中，成功地为景行天皇提供日常膳食所需的清冽甘美的水。天皇颇为感动，于是赐姓阿利真王为“垂水公”。

以上三个例子都体现了皇系氏族形成的因由与过程。若是再进一步深入研究，肯定会有更多的发现。

六雁王被授予的姓是“臣”，彦命王的姓是“连”，而阿利真王则是“公”。仅看这三个例子就可知，对皇系氏族赐姓“真人”的原则已经不再被遵守了。

还有，若以天皇为第一代来计算，六雁王是第四代，彦命王和阿利真王则都已经是第六代。后来实施的律令制度的基本原则是，从天皇到第五代还可以保留皇籍和使用王号，而第六代便要脱离皇籍，降为臣籍。这三个例子给了我们这样一个提示，即这一法定原则自景行天皇时起，已经成了惯例。

最值得我们关注的是，这三个例子中的赐姓都是作为一种赏赐的。即，主人公因建立功勋受到嘉奖，于是成立新的氏族，自己成为氏上。但是，如后所述，到了平安时代以后，建立新的皇系氏族，则是因为天皇氏的财政出现了困难，是由于要缩减财政支出，皇族们才被赐姓而降为臣籍。相比大和时代的赐姓，平安时代的这种赐姓在性质上是完全不同的。

与皇系氏族不同，下面所举的几个例子虽说是少数，但也有据可查，都是某个氏族集团的氏人因接受天皇的赐姓而自立新的氏族，于是本人成为新建氏族的氏上。

第一个例子说的是，在第十三代成务天皇时，尾张国（爱知县）岛田上下两县出现了一位“恶神”。当时朝廷派遣负责神道的中臣氏的氏人子上前去惩治恶神。惩治恶神的具体情况不甚明了，但据说子上认真负责地完成了任务，并上报了天皇。子上当即被赐姓“岛田臣”，成了新建的“岛田氏”的氏上，其姓为“臣”。

第二个例子是说，在第三十五代皇极天皇时，雄柄氏族的氏人雄柄荒人，接受皇命前往水利不便的大和国葛城郡野上（奈良县）开垦新田。雄柄氏的氏上为宿祢稻茂，荒人不过是氏人身份，他之所以能够不经过族长氏上而直接受命于天皇，据说是因为天皇听闻荒人精通“机术”。所谓“机术”，想必就是机械方面的工作。总之，荒人制造出了很长的“槭”（可能是木桶之意），从远处将河水引入，在荒地上开发出了新的水田。天皇为赏其功，当日就赐姓荒人为“槭田臣”。曾经是雄柄氏族氏人的荒人，创建“田氏”氏族集团，自己成了新建氏族的氏上。

这两个例子与前述皇系氏族三个例子的相同之处在于，当事人都是建立功勋以后受到嘉奖而被赐姓的。我想，由此是否可以提出如下的假设。其一，由于氏上对氏人们的统治管理力度太强，以至于氏人们很想从自己所属的氏族集团脱离出去。其二，即便氏上的统治力度不强，氏人们也很想自立，建立新的氏族，自己成为氏上。

其一体现了人们希望摆脱现状的愿望，其二体现了人们希望出人头地的愿望，两者中究竟哪一种是氏人们心中所求，并不清晰。总之，赐姓原本属于嘉奖行为。

另外，有关皇系氏族的那三个例子，我认为天皇氏族的氏人，相比作为皇族的一员，更希望脱离皇籍、降为臣籍，成为新建氏族的族长（氏上）。也可体现出在当时，皇族的身份并没有什么优势可言。

对渡来移民的赐姓

当时在中国及朝鲜半岛，世局激烈动荡。因此，当地的居民为了躲避战乱，经常有人率领本族人员东渡日本。根据《新撰姓氏录》记载，天皇也会对这些渡来移民进行赐姓。因为这些渡来移民，即便是其族长，也是没有日本的姓的。

根据《日本书纪》的记载，在第十五代应神天皇时，从朝鲜半岛的辰（秦）韩国渡来的弓月君被赐姓“秦公”，成为秦氏一族的氏上。

经由朝鲜半岛西北部的乐浪郡渡来的汉人被封地居住在河内国（大阪府），成为西汉氏。还有，从朝鲜半岛中部的带方郡渡来的汉人被封地居住在大和国，成为东汉氏。东西两汉的氏族都被赐姓“直”。如前所述，秦、西汉、东汉三个氏族都被编入伴造系的氏族集团中，三家氏族都是负责朝廷文书事务的，直接服务于天皇。

《新撰姓氏录》中记载了很多赐姓给渡来移民的例子。我们从中举几个例子来考证一下这些赐姓事件的来龙去脉。

从朝鲜半岛渡来的曾曾保利的例子颇具深意。

第十六代仁德天皇问："汝有何才？"

曾曾保利答道："吾等能造酒。"

天皇立刻让曾曾保利等人去酿酒。天皇喝了酒以后感觉十分美味，便将王女山鹿姬赐予曾曾保利，并赐姓"秦酒部公"。从此以后，秦酒部氏族便专门负责为朝廷酿造美酒。不久，他们又在被赐予的居住地种植桑树，养蚕织绢，贡献给朝廷。因此，第二十一代雄略天皇又将"宇豆麻佐"的氏名赐给了秦酒部公。虽然说也称"赐姓"，但实际上授予的是氏名。"宇豆麻佐"就是现在京都市的太秦。所以我们了解到秦酒部氏名改成了宇豆麻佐（太秦）氏，但姓未有变，依然是"公"。

"赐姓"原本指的只是赐予姓，后来意思逐渐变得宽泛起来，如授予"氏名＋姓名"，最终演变到如宇豆麻佐氏这样，只是授予"氏名"了。

我们举一个授予"氏名＋姓名"的赐姓例子。说的是从百济国渡来的王辰尔及其弟弟牛的事情。

《日本书纪》记载，说王辰尔在第二十九代钦明天皇时奉命"数录船赋"，故被赐姓"船史"。所谓"数录船赋"，应该是"安排和记录船的调度"，很可能与造船和航海有关。到了第三十代敏达天皇时，王辰尔的弟弟牛被赐姓"津史"。他是王辰尔的弟弟，所以本来应该是以王辰尔为氏上的"船"氏族的氏人。这就意味着他现在从船氏族独立出来，成了新建的"津"氏的氏上。另外，"津"就是港湾的意思，我想牛也是具有与航海相关的技能的。给渡来移民赐姓，或许表示了日本朝廷积极引进中国先进文明和技术的态度。

下面所举的例子说的是田道公奉天皇之命赴百济国，在百济国逗留了一段时期，与前面所举的赐姓渡来移民的例子有所不同。

田道公在百济国逗留期间，与一位居住在止美邑的百济女性诞下一子，名为男持。当田道公完成王命后，将妻儿留在百济国就回国了。后来，到了钦明天皇时，男持的孙子吉雄因仰慕曾祖父田道公的国家，便渡海而来。当时的钦明天皇根据吉雄的生长地百济国止美邑，赐姓吉雄为“止美连”，并让他在大和国居住。

据说后来有止美氏族的氏人想要从止美氏独立出来，当时的天皇便赐其姓为“止美首”，并使其搬迁到了和泉国（大阪府）。

像止美首这样，氏人独立后新建氏族的例子有很多，比如从近江国志贺郡真野村真野臣独立出来的氏人真野首，由安昙宿祢氏独立出来的凡海连氏，以及从尾张宿祢氏独立出来的津守宿祢氏，等等。

赐姓的目的

如上所述，综合大和朝廷的各种例子，可以想象赐姓的目的大致有以下两个方面。

第一，诸氏族中作为族长的氏上的权力是相当强大的。因此，氏人们在氏上的高压管理统治下挣扎，希冀着有机会自立。这与天皇氏的想法微妙地相吻合。天皇氏想要削弱各个氏族的势力，便赐姓给这些氏族的氏人。也就是说，天皇氏赐姓的目的就是要削减大氏族的一部分力量。

第二，天皇氏内部的赐姓，即新皇系氏族的诞生，其目的也是扩大天皇氏的势力。内部赐姓的例子之所以多见于从天皇在位算起的差不多第五代，就是因为要扩大皇系氏族。

另一个值得关注的情况就是，当时的人们都认为赐姓是一种嘉奖，是一种荣誉。还有，从旧的氏族独立出来，建立新的氏族，虽说是“赐姓”，但得到的不仅仅是姓，还有“氏名+姓名”这种称谓形式。

这样一来，氏名与姓名这两个完全不同的东西，渐渐地融为一体，被认为是相同的东西。到后来，又演变成即便只是授予氏名，也被认为是“赐姓”了。

冠位制度

作为大和朝廷根基的氏姓制度存在着若干重大缺陷。

其一就是世袭制。在朝廷为官、主持政务的是各氏族的族长氏上。某位氏上即便再无能，也必须是他来主持朝廷这项政务。反之，氏人作为普通族人，就算再有才能也不可能得到发挥的机会。

其二，各种姓非常之多，尊卑秩序也不甚明确，在朝廷中的席次等方面也经常会产生各种各样的问题。

为了解决这些问题，在推古天皇十一年（603）十二月，圣德太子开始推行冠位十二阶制度，在原来“姓”的等级之外，另设十二个等级的位阶，不分氏上还是氏人，根据其真才实学授予位阶，充分发挥这些人所具有的才能。这就成功地打破了存在诸多弊端的氏姓世袭制，力求广募人才，任人唯贤。

新的位阶制度采用刚从中国引进的儒教德目“德、仁、礼、信、义、智”，来命名相应的位阶，并在冠帽上用不同颜色的缨（装饰布条）进行装饰，加以区分。德为紫色，仁为青色，礼为赤色，信为黄色，义为白色，智为黑色。

各位阶之前又有“大”和“小”字，分为十二个等级。即便缨的颜色相同，也有些许差别，大者略深，小者略浅，以颜色深浅来区别位阶高低。

顺便提一点，在大和朝廷有一项叫作“药猎”的活动，名义上是为了采集每年预算中所需的草药，但实际上是群臣和宫女们集体外出郊游，时间定在每年的五月初五。在推古天皇十九年（611）五月初五的药猎活动中，群臣们根据自己的位阶，都在冠帽上插上了相应颜色的花朵作为装饰。这也显示了冠位十二阶制度发挥着实际作用。

在姓名之前加上位阶的例子，比较熟知的有大德境部臣雄麻吕、小德平群臣宇志、小德中臣连国、大仁上毛野君形名、大礼小野妹子等。

冠位名加在最前面，按照“冠位名 + 氏名 + 姓名 + 实名”的顺序来表示。也就是只在氏姓制度所规定的称谓“氏名 + 姓名＋实名”前面加上冠位，还是完整地保留了之前的姓名。

推古天皇三十年（622）二月，圣德太子去世。想必冠位十二阶制度也自然而然随之慢慢失去了作用。但是，圣德太子提倡的精神，则由中大兄皇子继承了下来。中大兄皇子推翻了苏我氏，果断地推行大化改新。他为了对政界进行改革，在大化三年（647）制定了七色十三阶制度。

在七色十三阶制度中，织冠、绣冠、紫冠、锦冠、青冠、黑冠等前六阶有大小之分，而最后的“建武”不设大小。官位高低由冠帽的材质和织绣的颜色来体现。

大化五年（649）二月，新制度实施刚满两年，朝廷又对七色十三阶制度进行了修改，制定了十九阶制度。新的位阶如下所示。

> 大织冠、小织冠、大绣冠、小绣冠、大紫冠、小紫冠、大华上、大华下、小华上、小华下、大山上、大山下、小山上、小山下、大乙上、大乙下、小乙上、小乙下、立身

当然，官位高低想必也是按照缨和绣的颜色来区分的，不过《日本书纪》中并无记载。制度推出之后不久，“小紫巨势臣德陀”与“小紫大伴连长德”二人被晋升为“大紫”。另外还有许多以新位阶作称呼的例子，比如：

小华下三轮君色夫、大山上扫守连角麻吕、大山下高田首根麻吕、大乙上书直麻吕、小乙上岗君宜、小乙下中臣连老、小乙上扫守连小麻吕

所有称呼都是按照“冠位名 + 氏名 + 姓名 + 实名”的顺序，可见旧的氏姓制度在当时的社会依然通用。不仅如此，从下面所举的例子我们可以看到，依然有很多人只使用着旧的称呼，并未加上新的冠位名。比如粟田臣饺虫、纪臣乎麻吕、三国公麻吕、巨势臣药、冰连老人、仓臣小屎、猪名公高见、三轮君瓮穗、草壁臣丑、大伴连狛、穗积臣啮等。

我们从这些例子可以了解到，新制定的十九阶制度并未立刻得到全面实施。甚至有些人依然使用着七色十三阶制度的冠位，如大锦上高向史玄理、小锦下河边臣麻吕等。

在这种制度混乱的情况下，白雉五年（654）正月，大化改新时的功臣中臣连镰足被授予紫冠，这是十九阶制度中排名第五的位阶，与中臣连镰足所建立的功绩相比，这绝对称不上是一个很高的位阶。由此推测，最高的位阶很可能只授予皇系氏族的人。

天智天皇二年（663）八月，倭国水军进犯朝鲜半岛，并同百济国结盟，与唐和新罗的联合军团在白江村开战，结果倭国百济联军惨败而归。在尚未判明唐和新罗联军是否会乘胜追击的翌年二月，位阶制度又进行了修改，废除了十九阶制度，推出了二十六阶制度。

大织冠、小织冠、大缝冠、小缝冠、大紫冠、小紫冠、大锦上、大锦中、大锦下、小锦上、小锦中、小锦下、大山上、大山中、大山下、小山上、小山中、小山下、大乙上、大乙中、大乙下、小乙上、小乙中、小乙下、大建、小建

与此同时，大氏族的氏上被授予长刀，小氏族的氏上被授予短刀，伴造氏的氏上被授予盾和弓箭。这也许是由于预判唐和新罗联军很可能会乘胜追击，故而天皇想命令他们死守吧。这次制度的修改给人一种浓厚的复古感觉，好像又回到了大化改新之前的氏姓制度。

天智天皇八年（669）十月，大化改新的功臣中臣镰足身患重病。天智天皇得知此消息，马上派其弟大海人皇子前往镰足府邸探望病卧在床的镰足，不仅授予其最高冠位大织冠，还赐其姓氏名为“藤原氏”。可见当时授予氏名就是赐姓。

在日本历史上被授予“大织冠”冠位的只有镰足一人。因此，如果提到大织冠，就是指藤原镰足。还有，根据《大织冠传》的记载，当时镰足被授予的氏姓是“藤原朝臣”。不过，《大织冠传》为后世之人所著，在镰足接受赐姓的那个时期，还不存在“朝臣”这种姓名。

总之，在日本历史上留下浓重一笔的大家族藤原氏族就此诞生。第二天，藤原镰足去世。

姓制的改革

两年以后的十二月，犹如追着镰足之后而去一般，天智天皇也驾崩了。翌年就发生了壬申之乱，天智天皇之弟天武天皇打败天智天皇之子弘文天皇，登上皇位。治世九年（680），天武天皇着手进行姓制的改革。在同年四月十二日，史料上首次出现有十四人被赐“连”姓的记录。他们是：

> 锦织造小分、田井直吉麻吕、次田仓人、椹足、石胜、川内直县、忍海造镜、足坏、荒田能麻吕、大狛造百枝、倭直龙麻吕、门部直大岛、宍人造老、山背狛乌贼麻吕

在这十四人中，原本是“造”姓的有四人，“直”姓有四人。当然，大概他们都是小氏族的氏上。这八个人的姓一下子被晋升为“连”姓。

其中还有三人原来虽已有氏名，但尚无姓。想必这三人并不是氏上，而是氏人身份吧。另外还有三人不仅无姓，连氏名都没有。这六个人也被授予了“连”姓，建立起新的小氏族，一下子坐上了氏上的位置。

由此可见，这种赐姓的目的是通过提拔小氏族氏上以及起用有名望的氏人，使之直接从属于朝廷。天武天皇是要通过此举扩大自己的支持基础。

在其后的治世十年（681）十二月十九日，舍人造糠虫与书直智德两人也被赐予“连”姓，进而在治世十一年（682）五月十二日，倭汉直等人也被赐予“连”姓。想必这也同样是天武天皇在扩大自己的支持基础吧。

同年十二月三日，天武天皇将拥有众多氏人的氏族进一步细分，制定新的氏族，并颁布诏书授予这些氏上新的氏名。

由于当时拥有众多氏人的大族氏上在朝廷内有很大的发言权，而天皇的影响力却相对较小，因此可以说，天武天皇从大族所拥有的氏人中提拔人才，让其成为新建氏族的氏上，其目的就是通过分化大氏族，来强化自己的统治力。

另外，天皇还对小氏族的氏上们进行提拔与晋升，治世十二年（683）九月二十三日，一口气赐予以下三十八个氏族的氏上“连”姓。

> 矢田部造、藤原部造、栗隈首、水取造、福草部造、凡河内直、刑部造、物部首、殿服部造、倭马饲造、山背直、葛城直、勾筥作造、石上部造、门部直、鸟取造、财日奉造、穴穗部造、大狛造、黄文造、白发部造、小泊濑造、蔦集造、埿部造、川内汉直、锦织造、忍海造、百济造、桧隈舍人造、秦造、羽束造、川内马饲造、来目舍人造、倭直、缦造、语造、文首、川濑舍人造

进而又在同年十月五日，赐予以下十四位氏上“连”姓。

三宅吉士、伯耆造、采女造、船史、草壁吉士、壹岐史、阿直史、高市县主、纪酒人直、吉野首、镜作造、娑罗罗马饲造、矶城县主、菟野马饲造

治世十三年（684）正月十七日，还赐予三野县主和内藏衣缝造两位氏上“连”姓。这样，“连”姓氏族共达七十个以上。

八色之姓

天武天皇在治世十三年（684）十月一日，果断推行姓制改革，将复杂而细分为二十六阶制的姓重新整理，归纳成如下八个阶制，史称八色之姓。

真人、朝臣、宿祢、忌寸、道师、臣、连、稻置

同日，将“真人”姓赐予以下十三位氏上。

守山公、路公、高桥公、三国公、当麻公、茨城公、丹比公、猪名公、坂田公、息长公、人公、山道公、羽田公

这十三位氏上的旧姓都是“公”，全部属于皇系氏族。

在一个月之后的十一月一日，大三轮君、阿倍臣、巨势

臣、波多臣、膳臣、大春日臣等五十二位氏上被赐予“朝臣”姓。

又过了一个月后的十二月二日，伊福部连、大伴连、佐伯连、阿县连、靫丹比连等五十位氏上被赐姓“宿祢”。这些被赐予“宿祢”姓的氏上们的旧姓几乎都是“连”，也就说他们一下子升了四级。这就不难看出天武天皇的目的何在了。

不过，在八色之姓中位列第四的“忌寸”在选考时，似乎碰到了些许问题。最后总算在翌年六月二十日，赐姓凡河内连和倭连等十一位氏上“忌寸”。这十一位氏上的旧姓也全部都是“连”，故他们被提升了三级。这也如实地反映了天武天皇的意图。

在《日本书纪》中，有关“八色之姓”的赐姓就记述了这么多。想必其下的道师、臣和稻置这三个等级当然也有被赐姓，不过，或许《日本书纪》编者认为没有必要，所以没有把道师、臣和稻置等赐姓的例子记录进去。

从以上各种赐姓的例子我们可以发现，已经拥有姓的氏上，在被赐予新的姓时，会提升一个或数个等级。尚未有姓的非氏上的氏人，也都被赐予了“连”姓。由此可见，天武天皇实施八色之姓制度，意在笼络旧有豪族们，同时通过赐姓来扩大自己的支持基础。

曾经圣德太子为了广招贤才，打破世袭制度，创建了冠位十二阶制度，但是他并未想要废除姓制，也没有否定天皇拥有的赐姓权力。经历了大化改新、壬申之乱之后，直到天武天皇亲政，在这个过程当中，天皇有效地运用了赐姓这个权能，使得皇权威信越来越高，完全确立了姓名由天皇所赐这一观念。

三、 以户籍为轴心的律令体制

藤原姓的诞生

姓制在经历了多次修改之后，当人们以为朝廷政治将会朝着已制定的八色之姓方向发展时，政坛却风云突变，转而朝着完全相反的方向大踏步前行了。朝廷在废除了氏姓制度之后，进而又建立起了律令制度。

天智天皇早在治世七年（678）就已经制定了近江令，治世九年（680）又编订了庚午年籍，并命令永久保存。这就是日本史上最早的户籍。天武天皇在治世十年（681）也开始着手制订飞鸟净御原令，进而在持统天皇三年（689）开始实施此令。

在这样的情况下，人们的姓名称谓当然也随之发生变化。典型的例子就是，中臣镰足被授予大织冠，并改氏族名为藤原氏。如前所述，天智天皇八年（669）十月十五日，天智天皇得知镰足卧病在床，马上派自己的弟弟大海人皇子（即日后的天武天皇）前往位于大和国藤原（奈良县橿原市高殿町）的镰足府邸探望。《日本书纪》对当时的情况是这样记载的：

天皇遣东宫大皇弟（大海人皇子）于藤原内大臣（镰足）家，授大织冠与大臣位，乃赐姓为藤原氏。

这就是后来在朝廷掌握强大权力的藤原氏族“藤原”的由来。以此可知，该氏名来源于镰足居住地之名。更值得我们注意的是，虽说是“赐姓”，但其实赐予的是“藤原”这一氏名。

如前所述，原本“氏名＋姓名”的形式，最后演变成氏名和姓名融为一体。因此，最初“赐姓”只是赐予姓，经历了赐予“氏名＋姓名”的形式，最终转化成了赐予氏名（改氏）。

总之，古代的名望氏族“中臣”成了“藤原”氏（参照图2）。由于氏上（族长）镰足的氏名改为“藤原”，所以其氏人（族人）也全都称“藤原”了。第二天镰足去世，其子不比等自称“藤原大臣不比等”，成为大家族藤原氏的氏上。

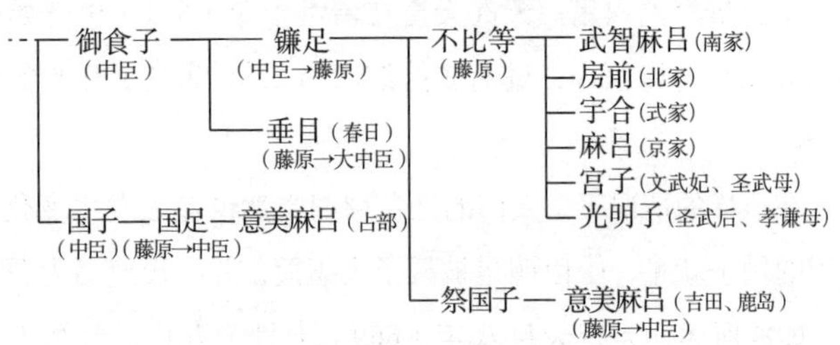

图2　中臣氏及藤原氏的分流图

文武天皇二年（698）八月十九日，朝廷颁发诏书如下：

藤原朝臣（镰足）所赐之姓，宜令其子不比等承之，但意美麻吕等者，缘供神事，宜复旧姓焉。

这里所谓“神事”指祭祀，原本属于政治事务，在大和朝廷一直是由中臣氏族负责祭祀的。大化改新时，“政事”被分为政治与祭祀。中臣氏成了藤原氏之后，专门负责政治，结果负责祭祀的氏族出现了空缺。于是文武天皇让镰足及不比等脉系的嫡系继承藤原氏，专门主持朝廷政务，而让庶出的藤原氏又回到以前的中臣氏，一如既往继续负责朝廷的祭祀。

庶出系就是不比等的弟弟祭国子以及意美麻吕的系统，他们恢复到中臣氏以后，世袭负责京都吉田神社和常陆国（茨城县）鹿岛神社的神职工作。这也是后来吉田和鹿岛等姓氏的由来。

镰足还有一个弟弟叫垂目，这个脉系改为大中臣氏，世袭负责藤原氏族的神社春日大社（奈良县）的神职工作。后来便有人使用春日作为姓氏了。

镰足的叔父国子以及其子国足系统恢复到中臣氏后，当上了朝廷的神祇官，专门负责占卜相关的事务，之后便以卜部或占部（浦边）作为名字。其庶出脉系负责京都梅宫神社的神职工作，也是世袭的。

就这样，根据文武天皇的诏书，由中臣改为藤原的大氏族分成了四个氏族，即主持政务的藤原氏、主管祭祀的大中臣氏以及两个中臣氏。

或许天武天皇的主要目的就是要分化藤原氏族。藤原氏原本就是大化改新的功臣，又受到天智、天武、持统三代天皇的特殊恩遇，变得非常强大，甚至天皇都对其畏惧三分。

自此，到了三年后的大宝元年（701）八月三日，大宝律令宣告完成，正式开始施行律令制度。律令的制定，由天武天皇第九子刑部亲王和藤原不比等等人负责。结果是，虽然废弃了氏姓制度，但在称谓等中还是保留了姓的使用。神社的神职世家，即使在若干代之后依然沿用着“宿祢”等姓名。

下总国葛饰郡大岛乡户籍

和铜三年（710）三月十日，都城迁至平城京。以律令制度作为社会及政治根基的奈良时代在此拉开帷幕。在和铜六年（713）前后，为了分配口分田[1]，开始在全国范围进行户籍登记。其中的一本户籍在奈良东大寺的正仓院里保留了下来。这就是养老五年（721）制作的《下总国葛饰郡大岛乡户籍》。其中详细记录着每一个家庭的家族姓名和年龄等。现在举出其中一个家庭的例子，通过对其进行分析，可以从一个侧面了解到当时家庭组织的基本情况。

甲和里

户主孔王部小山　年四十八岁　正丁　课户

妻孔王部阿古卖　年五十二岁　丁妻

1　类似中国北魏时期至唐朝前期实行的一种按人口分配土地的制度。

妾孔王部小宫卖　年三十八岁　丁妾

男孔王部忍羽年　二十二岁　正丁　兵士嫡子

男孔王部忍泰　年七岁　小子　嫡弟

男孔王部广国　年五岁　小子

女孔王部大根卖　年二十七岁　丁女　嫡女

女孔王部古富根卖　年十九岁　次女

女孔王部若大根卖　年十五岁　小女

女孔王部刀自卖　年三岁　绿女

女孔王部小刀自卖　年二岁　绿女

从父妹孔王部小宫卖　年三十八岁　丁女

从父妹孔王部宫卖　年四十岁　丁女

侄女孔王部子卖　年三十二岁　丁女

以上共十四人，其中十二人不课税：六个丁女（包括丁妻和丁妾）、两个小子、两个绿女、一个小女、一个次女。二人课税：两个正丁，且其中一人为兵士。

如表 1 所示，律令制度是根据男女性别与年龄来区分人群的。二十一岁到六十岁的男性，也就是“正丁”，要赋税和服兵役等。上面这个家庭中有十二人为“不课”，即免除赋税等。但是两个正丁为“二课”，其中一人被征服兵役。

这个家庭的住址是下总国葛饰郡大岛乡甲和里。

“葛饰”郡名被保留了下来，就是现在的东京都葛饰区，但比现今的葛饰区范围更大。“大岛”乡相当于现在的江东区大岛，但也比现在的范围更大些，还包括其周边地区。而“甲和”里，则是指现在江户川区的东、西、南、北小岩。

表1 律令制度下按年龄、性别区分的民众称呼

年龄	男	女
66岁以上	耆老	耆女
61—65岁	老丁	老女
21—60岁	正丁	丁妻
		丁女
17—20岁	少丁	次女
4—16岁	小子	小女
0—3岁	绿儿	绿女

这家最强壮的劳动力长子被征去服兵役，除了户主（家长）一人之外，成人女性达七人之多，因此还算是比较富裕的人家。四十八岁的户主除了有位五十二岁比他年长的妻子外，还纳了一位三十八岁比他年轻的妾。

值得注意的是，包括这位“妾”在内，所有人都有着同一个氏名“孔王部”。孔王部也可写成“穴太部”和“穴穗部”，因为第二十代安康天皇是“穴穗尊”，所以他们应该是安康天皇的属下，即带有皇族名的天皇家的私有民。根据《日本书纪》记载，安康天皇之后，其弟雄略天皇即位，他在治世十九年（690）三月设置了穴穗部。

总之，奈良时代住在甲和里的一家人，不分男女，全部都有氏名。说起来这也是理所当然的事情，因为在缴纳赋税和作为劳动力的时候，需要明确的称谓表示其从属的家庭。

可见奈良时代的地方农民是使用氏名的。由此进一步溯源，也可以推断大和时代不分男女和身份，所有人都使用氏名。

再有，女性的名字末尾都有一个“卖”字，这很可能由来于“比卖”一词，其日语读音与“姬”字谐音。“姬”原本只有一个意思，即“女性”。

橘氏的兴盛

即使进入了律令制度时代，赐姓的仪式依然还在进行。下面所举的例子表明，赐姓仍然属于一种嘉奖。

和铜元年（708）十一月二十五日，在元明天皇御前，公卿大臣们正大摆酒宴，天皇看着浮在酒杯中的橘子，对女官县犬养三千代说道：“橘者果子之长上。柯凌霜雪而繁茂，叶经寒暑而不凋。与珠玉共竞光，交金银以愈美，是以汝姓者赐橘宿祢也。”

这位叫作县犬养橘宿祢三千代的女官已经侍奉了天武、持统和文武三代天皇，如今还继续在侍奉元明天皇。为嘉奖其多年来忠心耿耿，元明天皇以“氏名 + 姓名”的形式，赐姓其“橘宿祢”。

这次赐姓，有几点值得我们注意。

首先，虽然已经实施了律令制度，但依然可使用“宿祢”

这个姓。氏姓制度并未完全被废除。

其次，被赐姓的是一位女性。而且，这就是后世所谓“源平藤橘”四大姓氏中“橘”姓的起源。

“藤原”姓由来于藤原这个地名。而“橘”姓则由来于橘子树的坚忍和果实的艳美。很可能三千代是一位身体强健、容貌美丽的女性吧。

总之，氏名与姓名已经没有区别了。“赐姓”就是授予“氏名＋姓名”，逐渐演变成说到氏名即指姓名。从此处开始，本书也将两者融为一体，称氏名为姓名。

赐姓似乎也仅限于三千代这一代人。因为，在她死后的天平八年（736），其子葛城王和佐为王二人曾向圣武天皇提出申请，请求准予使用“橘”姓。

再补充一点。正如三千代的名字所示，她的娘家县犬养氏原本是为天皇家饲养和训练猎犬的。不过县犬养氏还担任宫城十二门之中一门的门卫警备，故后来此门又被称作犬养门。

三千代是县犬养氏东人之女，与第三十代敏达天皇的第五代后裔美努王结婚，育有二子，后来又与藤原不比等再婚，育有安宿媛和多比能二女。

前面提到，她作为内命妇（高级女官）侍奉于天武、持统、文武和元明四代天皇，因此功绩而被赐姓“橘宿祢”。之后，她还继续侍奉了元正和圣武两代天皇，于天平四年（732）十二月十一日去世，被追封正三品，但葬礼按一品官员的规格举行。

当时三千代与不比等所生的女儿安宿媛，已经成为圣武天皇的皇后光明子，故在三千代下葬的第二年十二月二十八日，她又被追封为从一品，之后再被追封为正一品，并被赐予“大夫人”的称号。

这位三千代与先夫美努王所生的两个儿子，因为父亲是拥有王号的皇族，所以也被准许使用王号，称葛城王和佐为王。

如前所述，这两位亲王在天平八年（736）十一月十一日，向圣武天皇提出申请，说：“葛城亲母，赠从一品县犬养橘宿祢，而今无继嗣者，恐失明诏。”请求准予自己使用“橘”姓。

两人的请求得到了批准，于是脱离皇籍降为臣籍。有亡母三千代的庇荫，更主要的是两人同母异父的妹妹光明子乃当今皇后，因此两人的请求不可能不被批准。

当时弟弟佐为王实名没变，还是位居从四品，称橘宿祢佐为。而兄长葛城王把实名也改了，自称从三品橘宿祢诸兄，出任左大弁[1]，叱咤政界。

第二年的天平九年（737），未曾想到的幸运降临到了橘诸兄的头上。政界的竞争对手藤原不比等的四个儿子全都患上了流行病麻疹，相继去世。其间，诸兄的弟弟橘佐为也染上同样的流行病而去世。结果，进入政界不久的诸兄虽然失去了弟弟这个得力帮手，但同时也获得了在政界大显身手的良好时机，

1　相当于中国古代宰相手下执行具体事务的官员，位居从四品上。

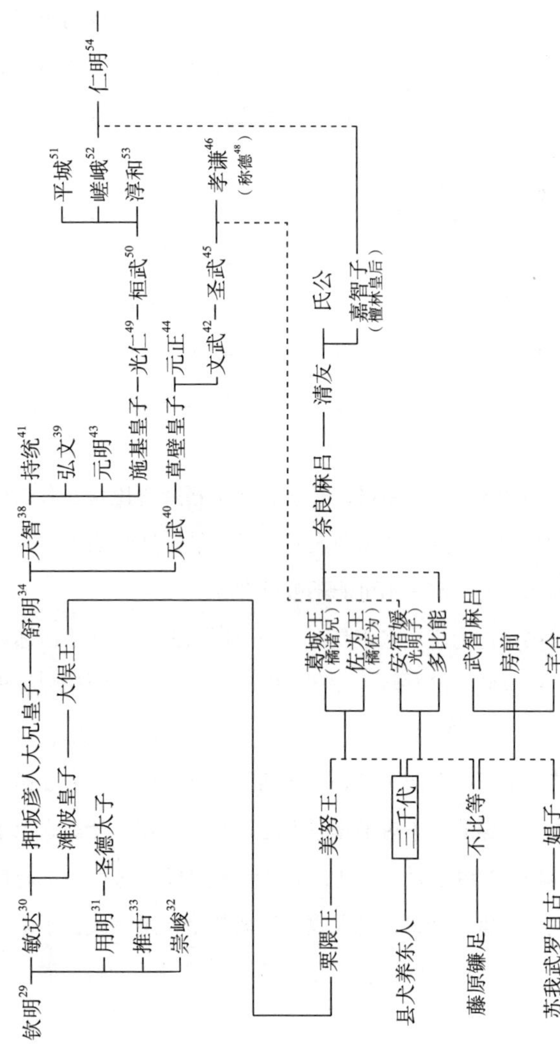

图3 橘氏与天皇家族的关系图（实线为血缘关系，虚线为婚姻关系）

此后便一路飞黄腾达。

然而，对于橘诸兄的迅速崛起，故式家宇合之子大宰少二藤原广嗣则咬牙切齿，愤恨不平。他试图排除橘诸兄的势力，重建藤原氏族的辉煌，便于天平十二年（740）九月，在北九州起兵反叛。但是藤原广嗣的反叛很快就被镇压下去了，反而进一步巩固了橘诸兄的权势。

橘诸兄异父同母的妹妹光明子贵为圣武天皇的皇后，又是孝谦女皇的生母，因此诸兄的地位安如磐石。可以说，奈良时代中叶称得上是橘氏时代。

四、 财政困难导致的降为臣籍

反常的降为臣籍

奈良时代大部分天皇都属于天武天皇这一脉系。在壬申之乱中惨败的天智及弘文天皇脉系后裔，完全没有机会再次登上皇位。一方面，天武天皇脉系的历代天皇基本上都实行宽松的财政政策，因此机构繁杂，人员冗多，浪费严重，势必导致经常性的巨额财政支出。另一方面，对律令制度的执行也日渐松懈，私有领地的庄园不断扩大，相反，作为朝廷赋税来源的公有领地却不断减少，因而赋税收入必然随之减少。

神护景云四年（770）八月四日，发生了天武天皇脉系面临后嗣中断的严重事件。天武天皇脉系的称德天皇（女皇）驾崩，可是女皇并无配偶，当然也就没有可继承皇位的子嗣。当时本应能够继位的皇太子也未确立。一阵混乱过后，时任大纳言的白壁王被推举继任皇位，成为四十九代光仁天皇。白壁王是天智天皇之幼子施基皇子的儿子，时隔十代，成为出自天智脉系的天皇。

光仁天皇执政，首要任务是收拾天武脉系的天皇们留下的烂摊子。他以“精政简职”为原则，精简无用的职能机构，简化多余的衙役事务，实行紧缩财政的政策。可惜，这项财政紧缩政策在光仁天皇这代实施之后就终止了。天应元年（781），其子桓武天皇即位后，又回到了宽松的财政政策。

在这般状况下，桓武天皇让其同父异母的弟弟诸胜亲王脱离皇籍，降为臣籍，更名为广根诸胜。同时，他让自己的皇子冈成亲王也降为臣籍，并赐姓“长冈”。这是史无前例的具有划时代意义的举措。律令制度规定，天皇以下到第五代为皇亲，但是桓武天皇却让尚属于第二代的两位皇亲脱离了皇籍。

两位亲王脱离皇籍降为臣籍的事情，既非两个人自己的意愿，亦非来自天皇的嘉奖，目的只是节约皇室的财政开支。由大和朝廷时代起，皇族脱离皇籍降为臣籍，都属于一种褒奖，是论功行赏。相较之下，可以说这一次是极不寻常的事例。也就是说，天皇家族的财政状况已经窘迫到不堪的地步了。

此后，桓武天皇迁都长冈，在延历十三年（794）十月二十二日，突然又将都城迁往了京都，这进一步加剧了天皇家的财政困难。为了打开这种困难局面，在延历十七年（798）闰五月二十三日，律令中的继嗣令做出修改，规定天皇之后的五代人依然可以使用王的称号，但不再享受皇族特有的待遇。

进而在延历二十四年（805）二月十五日，多达一百零二位的皇族成员集体脱离皇籍，被降为臣籍。由于人数众多，天皇无法给每个人赐予不同的姓，只能让大家使用同一个姓名，以至于叫“三园真人”和“近江真人”的各有十七人，叫“清海真人”的有十六人。

赐予“源”姓的真相

一下子有一百零二位皇族成员被降为臣籍，留在皇族里的人数减少了，想必天皇家的财政问题会有所好转，但实际上并非如此。

在这之后，皇族脱离皇籍的事情仍继续发生，但皇室的财政依然窘迫。私有领地庄园扩大，作为天皇家收入来源的公有领地越来越少，因此仅仅由一百零二位皇族成员降为臣籍带来的节约，完全是杯水车薪，无济于事。

为了改善这种现状，在弘仁五年（814）五月八日，第五十二代嵯峨天皇毅然出手，一下子将四位皇子和四位皇女降为臣籍。这也是前所未有的果断措施。如前所述，在位天皇的皇子被降为臣籍的事例，历史上也就只有桓武天皇的皇子冈成亲王。但是，嵯峨天皇竟然一下子将八位亲生儿女降为了臣籍。

更值得注意的是，这八位皇族被赐予了同一个姓，那就是“源”姓。八人同时被降为臣籍，被赐予同一姓名的，如果参照前述一百零二位的例子，也并非什么稀罕事情。因为其中有十七人或十六人都被赐予了同一个姓名，我想强调的是，这个“源”姓的诞生，将对此后日本的历史进程产生重大影响。

有关“源”姓，在记载有关中国魏王朝历史的《魏书·源贺传》中有这样一段故事，是说魏王朝世祖将同族河西王之子贺降为臣籍，赐其西平侯爵位，并加龙骧将军，当时魏世祖对贺说道：“卿与朕源同，因事分姓，今可为源氏。”因此赐予贺“源”姓。

嵯峨天皇擅长书法，在当时的日本与弘法大师空海及橘逸势并称“三笔”，他自然精通中国的古典，一定也读过《魏书》。因此，在赐予八位子女“源”姓时，想必他脑海里也浮现出了《魏书》中所记载的中国故事吧。不过，我们在考察日本“源”姓的时候，也不能仅依凭《魏书》中的故事。

江户时代有位学者叫谷川士清，他在著书《和训栞》中解释道：“源乃水元之意也。”另一位学者玉木正英也在其所著《神代卷藻盐草》中解释说：“源之训读为水元也。”

就是说，“源”的意思就是水之本，即“水源”。开始只是涓涓细流，而后水量逐渐增加，形成小川，最终汇成奔腾不息的大河。

或许，当时在嵯峨天皇的眼前也浮现出了这样的语源、词意或情景吧。所以他在将“源”姓赐予八位子女的时候说道：

“汝等皇系也。今因事降为臣籍，元与朕源同，后世如大河繁荣，应为天皇家之藩屏。”想必这个“源”字里也饱含着作为父亲的良好祝愿吧。

嵯峨天皇降八位子女臣籍的时候颁下的诏书，保留在了《类聚三代格》的卷十七中。文章较长，故仅将重点摘录如下：

> 诏朕当揖让篡践天位，男女稍众，未识子道。辱累封邑，空费府库。
>
> 除亲王之号赐朝臣之姓。朕非忍绝废体余，分折枝叶。固以天地惟长，皇王递兴。普告内外，令知此意。
>
> 弘仁五年五月八日

诏书中说子女众多，并指子女们“未识子道”，但并不是说子女们不孝的意思。我们从“忍绝废体余”一句就可以体会到一个父亲不得已把子女降为臣籍的那种复杂情感。而且他还真诚地告诉子女必须把他们降为臣籍的理由，即若非如此，将会“辱累封邑，空费府库”，这就是说其目的是节省天皇家的开支。

若说真诚，或许所谓“男女稍众”可称得上一句实在话。不久，嵯峨天皇又有二十四位子女相继被降为臣籍。加上最初的八人，共计达三十二人。弘仁十四年（823）嵯峨天皇禅让皇位成为上皇，承和九年（842）七月十五日驾崩，终年五十七岁。当时，没有被降为臣籍的亲王还有六人，内亲王还有十二人，因此嵯峨天皇的子女总数竟达五十人之多。这都不仅仅是“男女稍众”了。

被降为臣籍的嵯峨天皇的子女们的实名都使用单个汉字，这也是前所未有的情况。以此为先例，他们的子孙后代的实名也都一直使用单个汉字。较为著名的有因礼法问题与平良文开战的箕田宛，以打败鬼怪而声名大振的渡边纲，源三品入道赖政的家臣泷口竞，等等。

频繁地赐予“源”姓

嵯峨天皇将众多的皇族降为臣籍，但是天皇家财政困难的问题并未因此得到解决。庄园这样的私有领地不断扩大，已成燎原之势。相反，作为天皇家族收入来源的公有领地却日渐缩小，收入大幅度减少。些许的节约根本解决不了天皇家的财政困难。但是，当时的天皇家除了让皇族降为臣籍之外，别无其他办法，所以皇族脱离皇籍被降为臣籍的事情陆续发生。

在降为臣籍的时候，当然必须赐予这些人新的姓名。但是，天皇家似乎想不出这么多姓氏来赐予接连不断被降为臣籍的皇族成员，于是便仿效嵯峨天皇的先例，一律将“源”姓赐予那些被降为臣籍的皇族们。这样，称呼“源”姓的人数大大增加。追根溯源，以天皇为源头，称作“某源氏”（参照图 4）的族群有以下二十一个脉系。

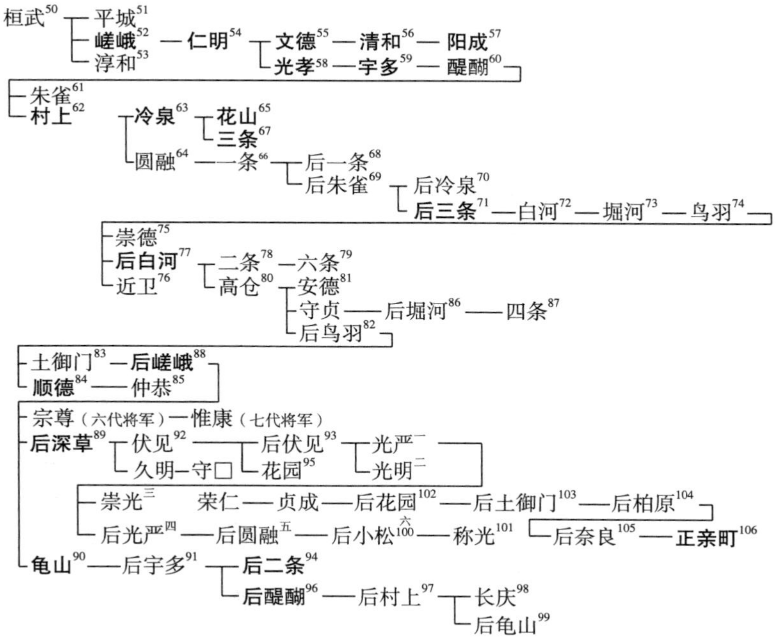

桓武[50]—平城[51]
嵯峨[52]—**仁明**[54]—**文德**[55]—**清和**[56]—**阳成**[57]
淳和[53]
光孝[58]—**宇多**[59]—**醍醐**[60]
朱雀[61]
村上[62]
冷泉[63]—**花山**[65]
三条[67]
圆融[64]—一条[66]—后一条[68]
后朱雀[69]—后冷泉[70]
后三条[71]—白河[72]—堀河[73]—鸟羽[74]
崇德[75]
后白河[77]—二条[78]—六条[79]
近卫[76]
高仓[80]—安德[81]
守贞—后堀河[86]—四条[87]
后鸟羽[82]
土御门[83]—**后嵯峨**[88]
顺德[84]—仲恭[85]
宗尊（六代将军）—惟康（七代将军）
后深草[89]—伏见[92]—后伏见[93]—光严[一]
久明—守□　花园[95]　光明[二]
崇光[三]　荣仁—贞成—后花园[102]—后土御门[103]—后柏原[104]
后光严[四]—后圆融[五]—后小松[六][100]—称光[101]　后奈良[105]—**正亲町**[106]
龟山[90]—后宇多[91]—**后二条**[94]
后醍醐[96]—后村上[97]—长庆[98]
后龟山[99]

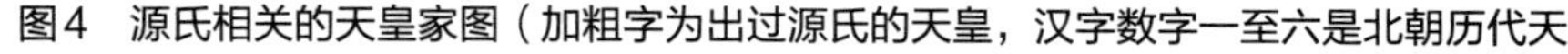
图4　源氏相关的天皇家图（加粗字为出过源氏的天皇，汉字数字一至六是北朝历代天皇）

嵯峨源氏、仁明源氏、文德源氏、清和源氏、阳成源氏、光孝源氏、宇多源氏、醍醐源氏、村上源氏、冷泉源氏、花山源氏、三条源氏、后三条源氏、后白河源氏、顺德源氏、后嵯峨源氏、后深草源氏、龟山源氏、后二条源氏、后醍醐源氏、正亲町源氏

如前所述，在嵯峨天皇前后的皇族们被降为臣籍，目的是节约天皇家的财政支出。总之，庄园扩大，公有领地不断受到蚕食。到了清和天皇时期，当摄政政治出现，这种状况越发加剧了。因为位居摄政的藤原家族的庄园进一步扩大，而与此相反，作为天皇家族收入来源的公有领地却进一步减少。

有关这方面的情况，小野宫右大臣实资在《小右记》中记载道："天下之地，悉为一家（摄政家）之领，公领无立锥之地。"虽说描述比较夸张，但基本上与实际情况相差无几。

自然，皇亲脱离皇籍被降为臣籍的情况之后仍持续发生，而且基本上都被赐予了"源"姓。因此，不断出现新的"某源氏"。

在这些众多的"某源氏"中，也有出自不同原因的，那就是清和源氏。虽然为了尽可能改善天皇家窘迫的财政而进行的降为臣籍的情况仍在继续，但其中似乎只有清和源氏一门是通过嘉奖而降为臣籍的。

作为清和源氏第一代的经基王在平将门之乱发生前夕，被委任为武藏介，东行来到了东国。他因为害怕平将门的英勇神

武而逃回了京都，却向朝廷报告说平将门要谋反，可马上就被发现是谎报军情，于是经基王因诬陷罪被囚禁在了左卫门府第。然而没过多久，真的发生了平将门反叛事件，于是朝廷上下对经基王的评价立刻发生了戏剧性变化，他被誉为“有先见之明”，并被委任为征讨大军的副将军。但是，经基王这次也没有真正参加战斗，因为在他到达之前，平将门已经战死。

紧接着经基王又被任命为征讨藤原纯友的副将军，下西海。这时的经基王仍然没有与藤原纯友发生直接交战。因为在经基王到达当地之前，藤原纯友也已经死了。结果，经基王的战功只是生擒了藤原纯友的残党余孽桑原生行。不过，当时的社会却大赞其“武勇”，认可其在平定将门和纯友的叛乱中表现英勇神武。经基王就是在这样的情况下被降为臣籍的。

有关经基王降为臣籍的时间，有两种说法。一种说是在天德五年（961）六月十五日（《尊卑分脉》《系图纂要》），另一种说是在天德四年（960）六月十五日（《续群书类从》所收“源氏系图”）。但是，由于天德五年（961）二月十六日已经被改元为应和元年了，所以天德五年（961）并没有六月十五日。即，经基王被降为臣籍应该是在天德四年（960）的六月十五日。不过，疑问依然存在。因为在描写将门之乱的《将门记》一书中，经基王的名字在天德四年（960）之前就被写成“源经基”了。

总之，在平安时代的前半叶，皇族们陆续被降为臣籍，“某源氏”族群也随之相继兴起。

打破降为臣籍的做法

在三条源氏创立之后大约半个世纪的时间里，情况发生了变化。皇族被降为臣籍的做法突然停止了，也完全看不到再有新的“某源氏”创立。然而，天皇家的财政状况并没有好转。因为当时正是摄政政治达到最顶峰的时期，所以天皇家的财政状况反而更加恶化了。

在这种情况下，却没有再发生皇族降为臣籍的事情，这是为什么呢?

因为找到了不同于降为臣籍的新办法，那就是将皇族们送进大寺院当住持。皇族被送去当住持的寺院有圆融院、青莲院、实相院、圆满院、仁和寺及妙法寺等。

这个办法无论是对于送走皇族的天皇家，还是对于被送走的皇族成员而言都是有利的，属于双赢。如果只是把皇族降为臣籍，那么天皇家至少还要让这些旧皇族在一二代人的时期内在朝廷为官，必须保证他们拥有一定的收入。而将皇族成员送去寺院当住持，那皇族就成了僧侣，成为僧侣就不需要吃肉娶妻了，所以也就不会有子孙了。这样这一代皇族就断后了。

因此，三条源氏创立之后的大约半个世纪，再也没发生过皇族降为臣籍的事情。然而，自后三条天皇登基以后，天皇家族又有了新的动向。白河、鸟羽、后白河三位上皇取代了摄政政治，相继开始了院政政治。主持院政的各院（原天皇）也都十分清楚天皇家族财政困难的症结所在，于是果断出手，试图打破这种局面。具体的措施就是强制执行庄园整顿令。

天皇彻查与建造庄园相关的证明文件，一旦发现没有文件，就立即将庄园没收归公，返回公有领地。即便是当时叱咤政坛的藤原氏摄政家族的领地庄园也不例外。反而正因为是摄政家的领地庄园，才成了最大的整顿目标。有这样一段插曲为证，据说后三条天皇对时任关白的藤原教通领地的庄园文书进行了特别严格的调查。

主持院政的各院不仅仅将庄园没收归公，还原为公有领地，而且还准备建造天皇家领地的庄园。就是说，各院上皇自己想要成为庄园主。

律令制度以来，表面上日本的国土与国民都属于天皇家，因此都是公有地、公有民。本应统治公有地和公有民的天皇家，现在却要建造天皇家族领地的庄园，将其作为私有地和私有民。原本是公有领地统治者的天皇家，却想要成为拥有私有领地庄院的庄园主。

自此以后，皇族因财政理由而被降为臣籍的事情没有再发生过，因为也没有这种必要了。在这之后所实行的脱离皇籍、降为臣籍及赐予“源”姓，都是出于政治上的原因。

“平”姓的赐予

说到源氏就一定会提到平氏。不过，源氏族群拥有二十一支脉系，而平氏族群只有四支脉系：五十代桓武天皇系统的桓武平氏（参照图 5），五十四代仁明天皇之后的仁明平氏，五十五代文德天皇之后的文德平氏，五十八代光孝天皇之后的光孝平氏。

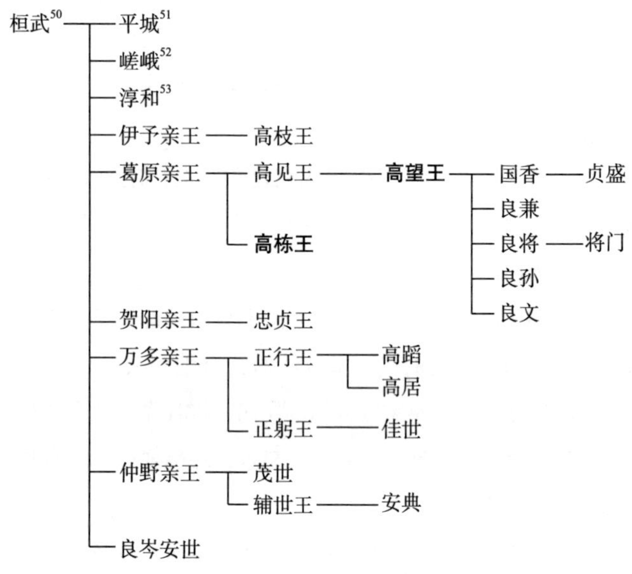

图 5　桓武平氏相关系统图

一般认为，最初被降为臣籍而赐予“平”姓的是桓武天皇的曾孙高望王。有关高望王被降为臣籍一事，在《续群书类从》的《平家勘文录》中记载说，宽仁元年（1017）民部卿宗章企图对天皇谋反，被高望王察觉，于是抢占先机出兵征讨宗章。高望王以此功绩，于宽仁二年（1018）被批准降为臣籍，同时被赐予“平”姓。

这虽然是一个挺不错的故事，但实际在日本历史上并没有“民部卿宗章”这个人，当然宗章谋反以及后来的征讨平叛也就都不是事实。而高望王的孙子平将门早在宽仁二年（1018）之前的天庆二年（939），就已经使用“平”姓了。而且，高望王应该是在宽仁二年（1018）之前，早就去世了。

因此，《平家勘文录》中所记载的“宽仁二年”，很可能是“宽平二年（890）”的笔误吧。我想，就算宗章谋反和征讨平叛不是事实，宽平二年（890）高望王被降为臣籍则是很有可能的。但是，因为并没有发生过宗章谋反和征讨平叛，故他以此功绩被赐予“平”姓的事情也不可信。

不过，有一点还是值得我们注意的，那就是高望王被降为臣籍是属于建功后的褒奖。这与初代清和源氏经基王因平定将门及纯友的谋反有功，而被降为臣籍并被赐予“源”姓，异曲同工。后来，通过源平合战等争夺霸权的这两个氏族，都强调自己祖先降为臣籍的原因不同于其他源氏，是建立功勋后得到的嘉奖，这也令人会心一笑。

但是，若宗章谋反和征讨平叛是毫无根据的故事，那么强调高望王被降为臣籍，即桓武平氏的创立是对其功勋的一种嘉奖，感觉也是没有底气的。

根据平安时代的正史《日本纪略》记载，天长二年（825）三月十四日，桓武天皇第五个儿子葛原亲王向同父异母的兄长淳和天皇提出请求，说：“我男女之子皆欲祈赐平姓。”

葛原亲王有多少个子女无据可查，史料上只有高见王和高栋王两人有迹可循。他请求给自己的子女赐予“平”姓，就是委婉地提出让子女这一代降为臣籍。

总之，淳和天皇当场驳回了葛原亲王的请求。

但葛原亲王并没有放弃。接着在同年七月六日，他再次提出请求，祈请天皇批准他“割爱吾子，抛弃王号”。

最初的申请说的是请求赐姓给“男女之子”，也就是所有子女。这一次只是“吾子”，而且还是“割爱”，也就是众多儿子之中一个的意思。或许正是因为如此，这次请求得到了淳和天皇的准许。结果被“割爱”的是高栋王，他被赐予“平”姓，改名为平高栋。

有关高栋王降为臣籍的时间，有三种说法。一是天长二年（825）七月六日（《日本纪略》），二是承和十年（843）闰七月（《尊卑分脉》），三是天长二年（825）闰七月二日（《公卿补任》）。

在这三种说法中，因为承和十年（843）没有闰月，首先就可以排除《尊卑分脉》的说法，但是其中的“闰七月”又与《公卿补任》的说法一致。而《日本纪略》中记载，请求、许可及实施都是在同一天进行的，因此这也令人难以相信。这样一来，葛原亲王提出让高栋王降为臣籍的请求应该是在天长二年（825）七月六日，而实施很可能是在同年闰七月二日。

前面已经提到过，赐予“平”姓、降为臣籍最早的例子一般被认为是高望王。如果高望王降为臣籍是在宽平二年（890），那么高栋王降为臣籍着实要比高望王早了半个世纪以上。

那么，为何会一般认为高望王是最早的呢？原因想必与后来高望王这一支脉系的武家平氏建立了六波罗平家政权有关。

另外，高栋王是葛原亲王之子，而高望王是葛原亲王之孙，因此世人自然会认为高栋王更早降为臣籍，但值得注意的是并非如此。估计世人还是被平清盛建立平家政权之事所误导。

高栋王降为臣籍的事情还体现出一个重大的问题。葛原亲王最初提出请求让“男女之子”降为臣籍时说了“欲祈赐平姓”。嵯峨天皇赐予“源”姓的时候，决定使用“源”字的是嵯峨天皇本人。而葛原亲王则是事先备好了“平”这个姓。可是淳和天皇在降高栋王为臣籍的时候，还是按照葛原亲王的请求，赐予了他“平”姓。

众多的源氏降为臣籍都是因为天皇家财政困难。根据《平家勘文录》记载，高望王降为臣籍则是对其建立功勋的嘉奖。高栋王的情况，则是其父亲两次提出了请求，得到了准许的。

这应该是事实。《尊卑分脉》中高栋王之项记载说：“父亲王，频抗表，赐平朝臣姓，受左京。”而《公卿补任》中也说：“父亲王，频抗表，赐平朝臣姓，受左京二条二坊。”

这就是说桓武天皇的后裔脱离皇籍，降为臣籍，建立桓武平氏，都是他们自己所希望的。

五、 源平藤橘的意义

非“源”即“平”

前面提到，一般认为“源”姓与中国史书《魏书》的《源贺传》有关。很可能嵯峨天皇抱有美好的愿望，虽然子女被降为臣籍时还是水之源，但盼其后能成为滔滔大河。那么，“平”姓有何含义呢?

《平家勘文录》中有“因平定朝敌”之语，但因为宗章这个朝廷的敌人实际上并不存在，所以也不可能发生“平定朝敌”的事实。其他有关“平”姓由来的史料至今尚未被发现。

昭和年中编写《姓氏家系大辞典》的太田亮认为：“其名称应该起源于平安京（京都市）的训读 TAHIRA，概桓武天皇建此都城，故赐其子孙平姓。”

编写《日本史小百科之七　家系》的丰田武的说法与太田亮几乎相同，认为有关平姓的起源虽然不甚明确，但是因为桓武天皇是平安京城的始创者，故很可能是取平安京的“平”字，作为天皇子孙们的姓。很明显，这参考了太田的说法。两位都认为桓武天皇因迁都平安京，便以平安京的“平”字赐给“其天皇子孙”。

但是，这种说法实不可信。要说“桓武天皇的子孙”，那么五十代桓武天皇以后的天皇全都属于其子孙。而创建平氏的只有桓武、仁明、文德和光孝这四代天皇的脉系。更令人感到疑惑不解的是，在这四个平姓族群的脉系中，除了桓武天皇之外，另外三位天皇不仅赐予皇族们“平”姓，同时也赐予了“源”姓。

因此，一些研究者并不认同太田和丰田两人的说法。他们虽然不敢确定，但还是提出了“源平两姓必选其一”的说法。即，他们认为有可能在平安时代初期，被降为臣籍的本人或本人的家长，可以自由地从源平两姓中选择其一。

前面提到的葛原亲王就是一个实例。他在提出让自己的“男女之子”降为臣籍的请求时说“欲祈赐平姓”，并不是委婉提出要求，而是表示自己欲选择“平”姓的意思。

平成三年（1991），国学院大学的林陆朗在《日本中世政治社会研究》杂志发表的论文《桓武平氏的诞生》中指出，在仁明、文德、光孝三个脉系的平氏诞生时期，已有明确的基准来区分源平两姓了。他认为当时已有区别，一世（亲王辈）、二世（孙王）的赐姓一般为源朝臣，三世王的赐姓则为平朝臣。

我们对林的这个说法进行过验证，结果基本吻合。只是稍有一点与其指出的不尽相同。

桓武天皇的九位皇子中有三位继承了皇位，即平城、嵯峨和淳仁三位天皇。剩余的六位亲王中，有三位的脉系被赐予了平姓，两位亲王的脉系因缺乏史料而无法验证，只有一位亲王与林所指出的不符。延历二十一年（802）十二月二十七日降为臣籍的那位皇子既非“源”姓亦非“平”姓，而是被赐予了“良岑（良峰）”姓，更名为良岑安世。

仁明、文德两位天皇的脉系正如林所指出的，亲王辈与孙王辈降为臣籍时被赐予“源”姓，第三代曾孙王辈则是“平”姓。

光孝天皇脉系的情况也与林所指出的几乎相同，但有一人例外。按林所说，曾孙辈的室明王理应被赐“平”姓，却被赐予了“源”姓。其他脉系也有这种例子，如三条天皇的曾孙辈通季王、顺德天皇的曾孙辈忠房王和善成王等。按照林所指出的，因为是曾孙辈，所以他们应该被赐予“平”姓，但实际上却都被赐予了“源”姓。

综上所述，我们试整理出如下思路。

自弘仁五年（814）嵯峨源氏建立以后，一般情况下都赐予“源”姓，并以此为惯例。但到了天长二年（825）桓武天皇之孙高栋王降为臣籍时，却被赐予了“平”姓。这当然由来于平安京的“平”字。当时的人们还没有从迁都平安京的激情和兴奋中冷静下来，因此桓武天皇的孙王辈及曾孙王辈都被赐予了“平”姓。接着，仁明天皇和文德天皇脉系的曾孙王辈也被赐予了“平”姓。

而到了光孝天皇的曾孙王降为臣籍时，人们对于迁都平安京的兴奋也基本平静了。虽然还有一部分皇族被赐予了“平”

姓，但整体上逐渐回归到原先赐“源”姓的惯例。以光孝平氏创立为终，以后“平”姓便不再被赐予了。

也就是说，赐予“平”姓的情况只出现在平安迁都后不久的兴奋时期，可说是一种短暂性的变通。迁都兴奋时期是从高栋王降为臣籍的天长二年（825）到仁和二年（886）左右，自延历十三年（794）的平安迁都算起，持续了近一个世纪。

为何源平藤橘

所谓四大姓，是指源、平、藤（藤原）、橘。

有关这四姓，室町时代文安元年（1444）完成的《下学集》中记载说：“日本四姓源平藤橘是也。今俗称四家之氏流也。”开宗明义地指出“日本四姓”，这表示作者脑海中是以“他国四姓”为前提的。就是说，日本四姓氏是仿效外国四姓，或是受外国的影响而成立的。而说到日本中世时的外国，那就是指中国、朝鲜或印度。

在印度，当时存在着婆罗门、刹帝利、吠舍、首陀罗四个阶级，并以此为四个种姓。不久，印度的这种形式在中国经历了脱胎换骨，首先在六朝时期，各郡把名门望族区分为甲姓、乙姓、丙姓和丁姓四个阶级，称为“四姓”。这种形式之后又发生了性质上的变化，各个王朝也都实行起“四姓之制”来。比如：

[东汉] 樊、郭、阴、马[1]

[吴] 朱、张、顾、陆

[晋] 雷、蒋、谷、鲁

[北魏] 卢、崔、郑、王

[唐] 崔、卢、李、郑

在2世纪左右，深受中国影响的匈奴社会，已经存在“呼衍、须卜、丘林、兰”这四姓。到了晚些时候的10世纪左右，这种风气也传到了朝鲜半岛。高丽王朝引进了四姓之制，以柳、崔、金、李作为四姓。

总之，四姓之制几乎遍布整个东亚地区。日本自然而然也受到了影响，于是就有了源、平、藤、橘这四姓。

当时藤原简略为一个“藤”字，这或许也暗示着，日本四姓的成立受到了朝鲜一字姓风气的影响。不过，日本的四姓并不是一种制度。前面提到的《下学集》中说：“俗称四家之氏流也。”日本的四姓就是一种“俗称”。

印度的种姓制度是一个有着严格等级的阶级制度。中国六朝时期的四姓，如“甲乙丙丁”所示，存在着等级序列。匈奴和高丽的四姓，按照顺序也是有等级之分的。最前面的姓氏，

---

1 原作的叙述在时间上有些出入，作为译者只能照本翻译。作者说中国最早出现的四姓是六朝的甲乙丙丁，然后各个王朝也都效仿，将四姓制度化了，并列举了五个朝代的四姓例子。其中东汉是公元25—220年，六朝则始于公元222年。若按照作者所举之例，中国最早出现的四姓应该是东汉的樊、郭、阴、马。

其家族地位最高，特别受人尊敬。据说宫中的席位，也是基本按照这个顺序。

但是，日本的四姓既无阶级之分，亦无等级身份之别。并不是说“源平藤橘”中源氏就最高。在东亚各国的四姓中，只有日本的四姓与其他国家有别。

那么，“源平藤橘”这个顺序，又是根据什么来排列的呢？想必绝对不是为了说起来顺口，这个顺序本身是否还是存在着一定的意义呢？

我们来看一下“源平藤橘”四姓各自成立的时期。

源　弘仁五年（814）五月八日

平　天长二年（825）闰七月二日

藤　天智八年（669）十月十五日

橘　和铜元年（708）十一月二十五日

如果按照成立时间将四姓排序，应该是“藤橘源平”。也就是说，“源平藤橘”并不是按照成立时间来排序的。

古代史研究的大家佐伯有清在《国史大辞典》四姓的项目中指出：“四姓的称呼很可能是在源清荫、平伊望、藤原忠平、橘公赖于延长五年（927）同时被列为台阁以后，根据四氏贵族在朝廷中传统势力的大小，于平安末期成立的。”阳成源氏的大纳言清荫、桓武平氏高栋王脉系的大纳言伊望、在藤原氏北家从左大臣晋升为摄政的忠平以及橘诸兄脉系的中纳言公赖，这四人同时被列为台阁是在延长五年（927）到天庆二年（939）的十二年间。由于天庆二年（939）十一月十六日平伊望去世，这个格局开始瓦解。

根据佐伯的说法，因为有当时这十二年的情况存在，所以时隔两百年之后才出现了“源平藤橘”四姓。如果说这十二年确实对此后的日本历史产生了巨大影响，或许可以成为“四姓”成立的原因。然而，这“十二年间”在历史上并不具有如此之大的意义。而且在这“十二年间”朝廷的台阁中，并非只有那四个人把持着朝政，其他任右大臣的有藤原定方，之后是藤原仲平，一直到藤原恒久，这三人都位居大纳言清荫和伊望之上。在经历了两百年之久后，突然又想起了那“十二年间”，然后制定“四姓”，我认为这完全缺乏必然性。

“四姓制度”传到朝鲜半岛是在高丽王朝时期，高丽王朝的建立是在日本延喜十八年（918）六月。而那“十二年间”则是公元927到939年。如果说日本的“四姓”是受到高丽四姓制度的影响，那在时间上是否太早了些？

小学馆出版的《日本国语大辞典》“源平藤橘”项目释文中说到，“是日本史上，家族繁荣的源氏、平氏、藤原氏及橘氏四氏的称谓”。源平两氏及藤原氏确实可谓“家族繁荣”，但橘氏家族也称得上“繁荣”吗？

日本古代和中世，在历史上较有名的橘氏出身者有犬养三千代、诸兄、奈良麻吕、长谷雄、逸势、好古等。虽然他们在政治史和文化史方面尚算活跃，但也不过“如此而已”。后来虽然还出了一位楠木正成，但那也是“四姓”成立之后的人物。总之，橘氏家族绝对谈不上什么“家族繁荣”。

那么，橘氏为何能在“四姓”中占一席之地呢?

江户时期的本居宣长也抱有同样的疑问。他在《玉胜阁》中说道:“世上以源平藤橘为四姓。源平藤原三姓自中昔以来分布较广、人数众多，而橘姓与三氏相比，则分布狭窄，屈指可数。”

依个人浅见，史料上最早出现“四姓”一词应该是在正治二年（1200）左右，来自位居非参议从三品的平基亲所编《官职秘抄》中记载的“外记之史，不受四姓（源平藤橘）”。这里是在说，外记局负责制作诏书及奏疏等的文书事务官，规定不能任用四姓出身的人。

作为外记局长官一职的大外记，早在一千多年以前，就由清原和中原两家出身的人专门负责。清原和中原两家都是文官世家。所谓“四姓”出身者不能担任外记之史，或者也与此有关吧。

值得我们注意的是，最早出现“四姓”或“源平藤橘”一词，是在一千两百年前，差不多是在源赖朝去世后，第二代镰仓将军源赖家继位的时期。也就是源平两家交战近六年，世上即将迎来和平的时期。我想，若说《平家物语》令世人回想起了刚发生不久的源平交战，进而又令人追思到奈良时代，并将这段历史浓缩为“源平藤橘”一词，也未尝不可。

我认为日本的四姓就是回顾下述历史时形成的略称。即，当时虽然已经是镰仓幕府源氏将军的时代，但稍往前回想，就是六波罗平氏掌握政权的平清盛时代，再往前则是藤原摄政政治时代，最后追溯到了奈良时期的橘诸兄时代。至于为何没有再进一步追溯到更前面的大和时代，或许是因为当时人们的历史认识有限吧。

紧接着又出现了“源平交替”的说法。在摄政时期，源氏兴盛，但是当上皇的院政开始掌权，源氏便走向没落，取而代之平氏兴起。平氏在源平交战中战败，于是源氏开创了镰仓幕府。但是源氏将军只持续了三代，北条氏便取而代之掌握了政权。而北条氏的血脉则来自平氏。依此回顾，“源平交替说”便成了理解历史的一种思维方法。

然而，到了镰仓末期，源平交替说产生了变化。原本是回顾过去的思维方法，却又成了预测未来的推断。按照源氏将要替代北条氏（平氏）的推断，足利氏和新田氏（皆为源氏）出现了。而后一心要打倒足利氏室町幕府的织田信长又自称平氏。不久，意欲开创江户幕府的德川家康，抛弃了原本属于加茂氏的松平姓氏，改姓了属于新田氏脉系（源氏）的德川。

第二章

姓氏即自我称谓

一、史料中的“名字”与“苗字”

奈良及平安时代的“名字”

“名字”[1]和“苗字”既相同又不同。三省堂出版的《广辞林》中说：“名字即苗字。① 姓、姓名。② 由氏分出来的各家之名。比如由源氏分出来的足利和新田之类。武士阶级各家之名。”

这似乎说得很清楚，却又不甚明了。难道公卿世家就没有名字了吗？还有，“名字”与“苗字”是否相同呢？

在此，我们考察各个历史时期的各种历史文献，举出实例，来对“名字”与“苗字”进行分析探讨。

“名字”一词在奈良时期的文献中已经零星可见。比如：

> 右一首，依作者微，不显名字。（和歌《万叶集》1428首之左注）
>
> 内相于国，功勋已高，然犹报效未行，名字未加。（《续日本纪》天平宝字二年［758］八月庚子条）

1　本章所说的“名字”是日语汉字意义上的“名字”，其中包括了中国人所说的姓氏和名字，但主要是指姓。比如，工藤新一对同学说：“不要叫我的‘名字’，请叫我的‘名前’。”那就是指不要叫他“工藤”，而叫他“新一”。

天皇悦其功绩，更加名字，号暴伐连。（《新撰姓氏录》左京神别上）

奉币之时，宣命之中，虽公卿必书入名字。（《中右记》长治二年［1105］八月十三日条）

名字，二男义范，三男行范。（《兵范记》仁平二年［1152］八月七日条）

从以上这些例子可见，奈良时代的“名字”还是“姓名”的意思。进入平安时代，“名字”开始作为“实名”（个人名）的意思来使用了。另外，还可以泛指事物的名称。

镰仓、南北朝及室町时代的“名字”

到了镰仓时代，“名字”一词的用例有很多。下面所举的是镰仓幕府半官方的记录《吾妻镜》中频繁出现的“名字”的例子。

此名字，众人，未觉悟（中略）每度戴两乡之名字。（治承四年［1180］九月十日条）

老翁一人，正束带把笏，候于营中（中略）羽林，重问名字，不谒名。（养和二年［1182］五月十六日条）

关东御家人（中略）载名字于一纸。（元历二年［1185］四月十五日条）

甘绳边之土民（中略）叩户，有唤此男名字者。（文治元年［1185］十二月二十八日条）

行光，见此回辔，问其名字。（文治五年［1189］八月九日条）

虽应注姓名（中略）不漏名字辈之子孙……（文治五年［1189］十一月七日条）

泰衡之幼子（中略）此名字与若公御同名。（文治五年［1189］十一月八日条）

二品，即以彼名字问胤信。（文治五年［1189］十一月十七日条）

捕缚男一人，自称此乃反贼余党。景时，问名字。（建久二年［1191］十一月十四日条）

景良等，问名字（中略）乃三浦次郎。（建久三年［1192］七月二十六日条）

御名字有定。称千万君云云。（建久三年［1192］八月九日条）

此三十二人名字，载于御书端。（中略）赖季、公久、光达。（元久二年［1205］闰七月二十九条）

知亲，原朝之字也。看到签名为美作藏人朝亲时，为避免混乱，故改之。（承元三年［1209］八月十三日条）

呈名字入质券，其所，知行之仁，应致沙汰。（宝治二年［1248］七月十日条）

《吾妻镜》中还有其他十几例“名字”，这里就省略了。有很多只是“称呼”的意思，其中也有的是包括乳名在内的实名（个人名），最后的例子中也可以看作被封领地的地名。

南北朝和室町时代的资料里，“名字”一词的例子就更多了。

有于近旁付左样名字者。（《太平记》卷三）

御伴人群之中，欲去名字人。（《太平记》卷五）

其上执笔何者哉，可差申名字。（《东寺百合文书》历应四年［1341］）

不定给主领所名字，悉皆为院内（中略）自今以后，如元不可定预所名字事。（《高野山文书》应永十二年［1405］六月）

云当家名字，云如形所带，永所令让与。（《栎木文书》应永二十二年［1415］卯月二十九日）

可续彼名字他人之事，故彦太郎殿（中略）三郎新发意仙良房，可续名字。（《高野山文书》应永三十三年［1426］十一月二十六日）

当此时，对逆等事，可断绝名字事。（《新撰长禄宽正记》）

以上众多例子表明，在古代、中世都是写“名字”二字，没有写成“苗字”的例子。它们大多是武士的名字，有时还是包括乳名在内的实名，其中甚至还有是指地名的。

江户时代的苗字

进入近世江户时代，普遍都写成“苗字”。

江户时代本居宣长所著《玉胜间》中指出：“藤原、源等，世上有很多同一氏族的人，若不用苗字将其区分，就很容易搞错。因此基本上经常只唤其苗字。这样自然而然又产生了变化，到如今很多人似乎认为苗字就是其姓，却不知其姓为何，应正守其苗字。此苗字之‘苗’，并无出处。原本应该写‘名字’两字，却把异体字混在一起，故应更正。”

还有，儒学家伊势贞丈的《贞丈杂记》中解释：“云苗字者，氏也。如伊势、细川、畠山等之类也。所谓苗字，稻麦等之生长之初谓之苗。如斯，祖先如其各家之苗。因其祖先始称之姓氏，故云苗字也。苗字两字，古代之书未见，乃中古以来之事。因称祖先之子孙为苗裔，故云苗字也。”

荻生徂徕在《南留别志》中说：“所谓苗字始于室町时代。在镰仓时代，按各家住所不同，或称作和田，或称作三浦，又或称作朝比奈。根据太平记，虽住所无名，亦或称仁木、细川、佐佐木等，于是自然渐渐书写为姓了。”

泷泽马琴的《燕石杂志》中说：“在玉海中，安元三年四月二十日宣旨，依奉射神舆，给狱所辈之条，见田使俊行（字难波五郎）、藤原成直（字早尾太郎）等，又见奥羽军记中有字荒川太郎（斑目十郎）等。”

江户时代学者们所指出的有对有错。但对于姓氏研究而言，还是有很多值得参考的地方的。

伊势贞丈认为“苗字”一词，古代、中古未见，是近世才开始使用的。本居宣长指出像藤原、源这样的姓氏，社会上使用的人太多，若不用苗字将他们区分开来，就很容易相互搞错。这些都是很好的见解，但似乎并没有把握到“姓名”与“名字”的区别。泷泽马琴倒是发现了在《玉海》（又称《玉叶》）中已经有名字了，不愧为学者。

不过，即使是在江户时代，“名字”一词在资料中也还是零星可见。在描写传奇故事的插画小说读本、描写当时庶民生活的小说浮世草子或日本古典喜剧狂言等中就有很多。比如：

> 这位御名字（尊姓大名）是?
> 在下无名无姓。
>
> ——狂言《入川》
>
> 请赐我野泽政右卫门的名字！
>
> ——浮世草子《京成传授纸子》
>
> 你看，大吵大嚷的。都已经死了，名字不问也罢！
>
> ——读本《椿说弓张月》
>
> 听到旅人在传春草、秋鸟的名字。
>
> ——俳谐《葛之松原》

想必对于江户时代的人而言，“名字”一词算是古语了。因此，在描写古代、中世故事的文学作品中常使用“名字”一词。估计是想通过“名字”这两个汉字来营造古雅的气氛吧。

二、公卿的“名字”与武士的“名字”

来自称号的“名字”（公卿）

第一章中也谈到过，文武天皇二年（698）八月十九日，诏书颁下，“藤原”之姓为不比等一人的脉系所独占。其后，不比等的四位儿子又建立南家、北家、式家、京家，从此开始了藤原氏族的兴盛时代。但是，天平九年（737），京城疫病流行，四个儿子全都染病而死了。

从此以后，藤原家族开始败落，取而代之的是橘诸兄和僧侣弓削道镜。天武天皇在壬申之乱中获胜，之后的历代天皇都出自其脉系。但天皇之下，则是橘诸兄及僧侣弓削道镜等人掌握着权力。前者是光明皇后异父同母的兄长，后者则是深受孝谦（称德）女皇恩宠的男宠。

但是，天安二年（858）十一月七日，年仅九岁的清和天皇登基，藤原氏抓住了卷土重来的机会。北家藤原良房出任摄政，他是清和天皇生母明子的父亲。这便是日本史上最早的人臣摄政，也是日本朝廷摄政政治的开始。此后，藤原氏北家持续独揽朝廷大权。担任摄政或位居关白一职的，不是天皇的外祖父就是天皇生母的哥哥。

自然，朝廷内的高官要职都被藤原氏一族霸占了。比如，在藤原道长担任摄政的长和四年（1015），左大臣、右大臣、内大臣、大纳言、权大纳言等，由最高级到第八位的朝廷官职，全都被藤原氏北家的官僚们所占据。而三品以上的三十位有资格入殿参见的人中，竟有二十三人属于藤原氏一族。正如第一章所述，在这个时期，朝廷的官职都被藤原氏家族所独占，甚至即便是皇族也无法在朝廷做官。

自然而然，藤原氏族繁荣兴旺。满京城都是藤原家族的人，京都市内无论在哪个角落，都有挂着藤原姓氏牌子的宅邸。

在这样的情况下，藤原氏族的氏人们为了方便相互区别，便以其宅邸所在地的地名称呼对方了。这叫作“称号”。为表敬意，还在宅邸所在地的地名之后加上一个“殿”字，称作“某某殿”。若是宅邸面朝一条大路，便称之为“一条殿”，若位于堀川就称之为“堀川殿”，若是在洞院大路，便称之为“洞院殿”。

平安时代“某某殿”的称呼大约有以下这些。

> 富小路殿、坊城殿、桃园殿、冷泉殿、小一条殿、中山殿、日野殿、高信殿、武者小路殿、柳园殿、叶室殿、飞鸟殿、山科殿、宇治殿、醍醐殿、姊小路殿、鸟羽殿、伏见殿、大炊殿、西园寺殿、一条殿、二条殿、三条殿、

四条殿、五条殿、九条殿、近卫殿

这个时期，男女如果结婚，通常是男方住到女方家。因此，父子分居，很多时候“称号”也就不同了。因为就算是同一个人，住所发生了变化，其“称号”也会随之变更。比如第一代摄政良房，他最初称“白河殿”，到了晚年改成了“染殿”。还有，对摄政家族的复兴做出极大贡献的藤原忠实，原先是住在宇治的富家殿，保元之乱以后，便住到了现在京都市北区紫野的知足院，故称“知足院殿”。

总之，凭借“称号”就可以知道此历史人物原来的居住地，这对于学者而言，的确是件很方便的事情。

从平安末期到镰仓初期，婚姻制度发生了重大变化，逐渐由母系制转到了父系制，男方到女方家走婚的形式转变为儿子继承父亲家业，迎娶女方。其结果是，以前父子因分居而使用不同的称号，现在称号也变为由父、子、孙、曾孙代代继承了。这样一来，“称号”就不再属于个人，而成了固定家族的称呼。

我们就以藤原摄政家族为例吧。

平安后期，出自藤原忠通的长子基实一脉的嫡系，住在近卫天皇的皇居所在地近卫町，便成了近卫氏。忠通的曾孙藤原家实的次子兼平住在鹰司室町，便成了第一代鹰司氏。还有忠通的第三子兼实一脉的嫡系住在九条殿，而成了九条氏。兼实之孙道家的次子良实，住在东二条殿，于是创建了二条氏。而道家的第三子实经住在一条殿，便成为一条氏之祖。

也就是说，从藤原忠通到其第五代，摄政世家分流为近卫氏、鹰司氏、九条氏、二条氏和一条氏五个系脉。因为历代摄政和关白都出自这五家系脉，故被称为“五摄家”。

这样一来，“称号”已经不是由来于个人居住地的称呼，而转变为固定家族的称呼。公卿世家便称此为“名字”。因为它最初由来于居住地的地名，所以大多数人的“名字”与过去的“称号”仍然一致。

称号转变为“名字”以后，依然属于一种对位高权重人士的称呼，而来自居住地地名的称号，依然被继续使用。比如，《亲元日记》文明十五年（1483）六月二十日条中，有关于室町幕府前将军足利义政及其夫人日野富子的记载，说“大御所样之御称号为东山殿，御方御所样之称号为室町殿，此分别已定”。

当时这两人因吵架正处于分居状态，但如果称“前将军”及“将军夫人”那就失礼了，于是幕府的大臣们便决定用“称号”来称呼他们。

来自领地名的“名字”（武士）

前述 9 世纪左右以公卿世家居住地的地名为“称号”的习惯，经历了一两个世纪之后，也影响到了东日本。东日本的豪族武士们也都在自己的姓名前面冠以地名作为称呼。这被叫作“名字”。

前文所述公卿社会的“称号”转化为“名字”，大约是在 12 世纪。但东日本的这个“名字”早在 10 世纪或者 11 世纪就已经存在。或许是因为没有经历过“称号”这个阶段，所以要比京都出现得早。说不定，是东日本的名字影响到了京都，京都的“称号”才转变为“名字”的呢。

但是，公卿社会的“名字”与武士社会的“名字”在意义上完全不同。

公卿世家的“名字”原本是居住地的地名，而武士世家用的则是自己领地的地名。无论是否居住在那里，武士世家都是从这块领地获取经济收益以及军事力量的。在这个意义上，作为武士世家“名字”由来的领地，又被叫作“名字之地”。武士们则称其为“性命之地”，就是说这块领地是他们拼了命也要守住的东西。

史料中最早出现表示武士世家“名字”一词的是《今昔物语》。

比如，在描述桓武天皇平氏高望王系（武家流平氏）的平良文与嵯峨源氏源充单打独斗的场面时，良文自称村冈五郎，源充则自称箕田源次。关于平良文的姓氏“村冈”来源的“名字之地”，有三种说法，一是说埼玉县熊谷市村冈，二是说神奈川县藤泽市村冈，三是说茨城县旧千代川村字村冈。

有关源充的姓氏“箕田”的“名字之地”也有两种说法，一是说埼玉县鸿巢市箕田，二是说东京都港区三田。

村冈五郎平良文的侄子（兄良将之子）就是日本史上著名

的平将门。在将门之乱时，出现过这样几个名字。平将门自称“相马小次郎”，而打败平将门的藤原秀乡自称“田原藤太”。由此便可知两者的“名字之地”，前者的“相马”是下总国相马郡（千叶县），后者的“田原”是相模国淘绫郡田原乡（神奈川县）。

《陆奥话记》是围绕源赖义立下的战功来描写那九年的交战情况的，其中也出现了好几个“名字”。因被怀疑通敌而遭赖义问斩的平永衡自称“伊具十郎”，因投靠安倍而惨遭杀害的藤原经清自称“亘理之权太郎”。两者的“名字之地”，“伊具”是陆奥国伊具郡（宫城县），“亘理”是下总国亘理乡（千叶县）或陆奥国亘理乡（宫城县）。

还有，在九年的交战中，源赖义麾下源氏军团的武士们，以及途中赶来援助的出羽国清原氏军团中，也出现了许多“名字”。现在将其中的一些“名字”、姓名及“名字之地”介绍如下。

志万太郎（橘贞赖）	山形县寒河江市岛
荒川太郎（吉彦秀武）	山形县旧本庄村荒川
新方二郎（橘赖贞）	山形县酒田市新片
贝泽三郎（清原武道）	秋田县羽后町贝泽
斑目四郎（吉美侯武忠）	不明

《奥州后三年记》中也有好几个与“名字”相关的例子。

比如“镰仓权五郎景正”，“名字”是“镰仓”，“名字之地”为相模国镰仓郡镰仓乡（神奈川县）。还有“三浦平太郎为次（继）”，“名字”为“三浦”，“名字之地”是相模国三浦郡（神奈川县）。

对武士来说，“名字”这东西用起来非常方便。因为使用源平藤橘或大伴、苏我、物部等姓名的人数太多，相互之间很难识别。就这一点而言，“名字”与地名一致，所以区分你我特别方便。因此，10 世纪后半叶始于东日本武士社会的名字，经历了 11 世纪和 12 世纪，渐渐普及，变得常态化了。

但是“名字”普及的理由不仅仅是方便。

在东日本豪族武士们使用“名字”的 10 世纪后半叶到 11 世纪，曾流行捐赠庄园。这种现象亦绝非偶然。

所谓捐赠庄园，就是开垦土地的领主们为了使其新开垦的土地不被纳入公有领地，将新开垦出来的土地捐赠给当时拥有免税特权的大寺院和神社，或者送给有权势的豪门公卿，以达到逃避赋税的目的。

把自己的领地以归寺院及权贵们所有的名义使之变成庄园（立庄），从而将这块领地改变为免税地。当然，开垦土地的领主必须拥有管理和支配这些土地的权利。因此他们提出条件，要求被赠者任命自己担任当地的下司或庄司等职。由于这些地无须向国家朝廷缴纳赋税了，所以开垦土地的领主得向寺院权贵们（庄园领主）缴纳低于国家赋税额度的利益，所谓名义费。

这就是假借寺院权贵的名义，使土地成为寺院权贵所有的合法领地。寺院权贵们的势力是强大的。捐赠土地的地方豪族们若稍有不慎，很容易就会失去自己的领地。于是，“名字”的出现便有了理由。捐赠了土地的地方豪族们，便以领地的地名为“名字”。通过这种方法，将这块原本属于自己的领地作为“名字之地”，以此来拼命守护之。

作为“名字”起源的“名字之地”，都是使用者本人及其先辈带领着家丁或者本族上下，拼命开垦出来的领地。将这一地名作为自己的“名字”，也就是对外宣称自己才是这块土地的领主。从这个意义上来说，武士的“名字”，即姓氏，具有神圣的意义。

按照源平藤橘系谱来看，在东日本武士中使用由来于“名字之地”即领地的姓氏的，有如下所示的具有代表性的例子。

清和源氏中有常陆国佐竹乡（茨城县）的佐竹氏、上野国新田庄（群马县）的新田氏等。

桓武平氏中有相模国三浦郡（神奈川县）的三浦氏、上总国（千叶县）的上总氏、下总国千叶庄（千叶县）的千叶氏、武藏国秩父郡（埼玉县）的秩父氏、伊豆国田方郡北条乡（静冈县）的北条氏、下野国足利庄（枥木县）的足利氏等。

秀乡流藤原氏（武家藤原氏）在东日本有很多。如相模国波多野庄的波多野氏、同国山内庄的山内氏、下野国小山庄的小山氏等。然而，在东日本国姓橘的人却很少，我只发现有以伊豆国那古谷乡为姓氏的那古谷氏。

来自职务名的姓氏

日本像伊藤和佐藤这样含有“藤”字的姓很多。伊藤是来自“伊势守藤原”，而不是伊贺守或伊豆守。佐藤则有来自“佐渡守藤原”“卫门佐藤原”“兵卫佐藤原”“下野国佐野庄司藤原”等四种说法。总之，它们都来源于朝廷的官职或者庄园庄司一职，因为有个“藤”字，故被认为原姓藤原。

我们来看一下这类姓氏及其对应的出处官职等，主要有哪些。

安藤	出自安房守
云藤	出自出云守
卫藤	出自左右近卫尉
惠藤、卫藤	衡藤的转化
远藤	出自远江守
加藤	出自加贺守
工藤	出自木工助
近藤	出自近江守
斋藤	出自斋头
内藤	出自内舍人
兵藤	出自左右兵卫尉
尾藤	出自尾张守

若是不避讳用词，那么现在的县厅就是当时的国衙（国府），比如设置在武藏国或相模国等的官府等。现在的人事部或者经理科室等部门，在当时的国衙就是“某所”。有的人因为在“某所”工作，所以便以此为姓。负责公田图纸等的“田所”也成了姓。负责税务的部门叫“税所”，但到底还是有所避忌，所以在用“税所”作为姓氏的时候，汉字写作“最所”“济所”或者“最初”“齐所”“撮所”等。还有负责维持治安的部门称“武者所”，以此为姓，就成了“武者”“武舍”或者“武捨”。相反，“藏人所”就只用一个“所”字来作姓。

三、 嫡系世家的姓氏与庶出家的姓氏

“本姓氏”与“新姓氏”

从平安时代末期到镰仓时代末期，东日本的豪族武士社会基本都是按照嫡系制度分家继承的。从祖父辈传下来的所有领地，皆由嫡系总领，因此属于“总领”嫡系世家。而庶出家从嫡系家分得一部分领地，便以所分得的领地的地名作为姓氏。如果把嫡系家的姓氏称为“本姓氏”，那么庶出家的姓氏便叫作“新姓氏”。

庶出家又进一步把从嫡系家分得的领地分给自己的子女。于是，从“新姓氏”又产生了“新新姓氏”等。这就叫作“分

田”。经历了好几代的分割继承之后，原先分得的那些领地当然都被细分化了，变成狭窄小块的土地，人们就越发贫穷了。从这种愚蠢的分田行为，诞生了「田分けの愚」一词，意即“傻瓜”。

我们以三浦氏为例，来分析一下从嫡系家分出来后，有了“新姓氏”的各个庶出家的情况（参照图 6）。

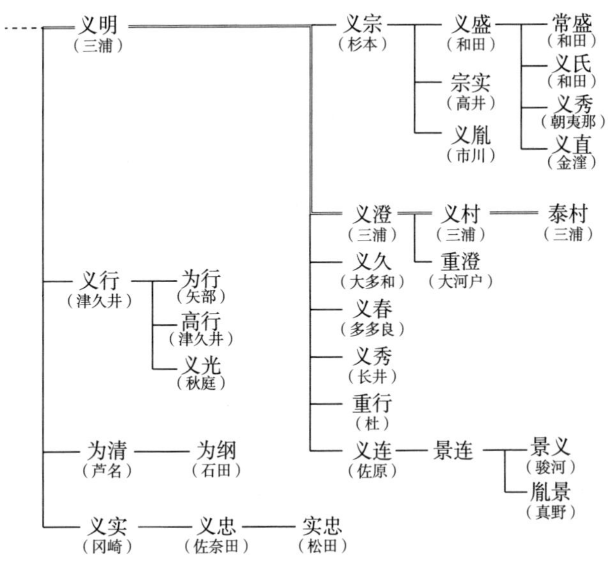

图 6　三浦氏分流图（双线为嫡系世家）

三浦义明的长子义宗在镰仓筑起杉本城，自称杉本太郎。同样，族人们接连不断地分得土地，并以此地名为姓，于是又有了和田、金淫、高井、市川、大河户、大多和、多多良等姓氏。只有三浦氏族的嫡系世家由义明这代开始，经义澄、义村一直传到泰村这代仍自称三浦，统领着整个三浦家族。

如果把三浦氏族的族长所代表的整个家族的姓氏“三浦”称为“本姓氏”的话，那么庶出家所使用的姓氏，如杉本、津久井、大多和、多多良等就都是“新姓氏”。

下面，我们再来看看以下野国足利庄（栃木县）为根据地的秀乡流藤原姓足利氏家族的例子（参考图 7）。足利氏家族不仅根扎下野国，还一直继承繁衍到了上野国（群马县），就在源平交战开始前夕，与同为藤原姓的小山氏齐名，被誉为“一国二虎”，令敌人闻风丧胆。

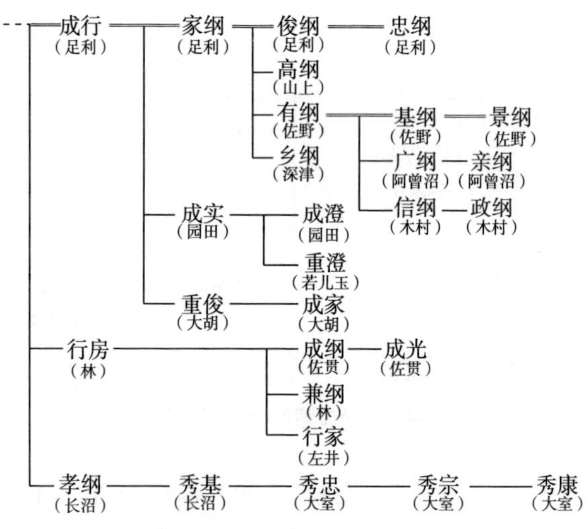

图 7　秀乡流藤原姓足利氏分流图（双线为嫡系世家）

藤姓足利氏的主要庶出家的姓氏（新名字）中，下野国内有佐野、木村、小野寺、梁田等，上野国内有山上、园田、大胡、大室、深津等。

藤姓足利家族的嫡系世家有着严密的继承体系。源平交战中参加平家一方的嫡系足利氏灭亡了，而加入源氏一方的佐野氏生存了下来，并取而代之成为足利氏的嫡系家，但是佐野氏并没有使用“足利”这个“本姓氏”。

之后，清和源氏一脉从藤姓足利氏手中接管了足利庄，于是该地成为清和源氏足利氏的“名字之地”。

源姓足利氏嫡系家第三代义兼的生母是尾张国热田大宫司范忠之女，但她被作为其祖父季范的养女抚养长大，所以她与清和源氏总族族长赖朝的生母成了姐妹，于是就与源赖朝有了亲缘关系。在源平交战时，源姓足利氏早早就加入了源氏一方并参与作战，因此后来成为镰仓幕府权重位高的阁僚。在承久三年（1221）之乱中，义兼之子义氏因战功彪炳，被封赏大片领地，位于东海道的中部、三河国一带。

这样，源姓足利氏的领地从下野国、三河国（爱知县）进一步扩大到了其他各国。当然，其庶出家的“名字之地”也遍布各国。主要的在下野国有加古、小俣、石桥，在上野国有广泽、岩松、涉川，在三河国有仁木、细川、矢作、吉良、一色、吉田，在武藏国有畠山，在丹波国有矢田等。

在源姓足利家族中，庶出家从未使用过“足利”这个姓。“足利”一姓完全被嫡系世家所独占（参照图 8）。

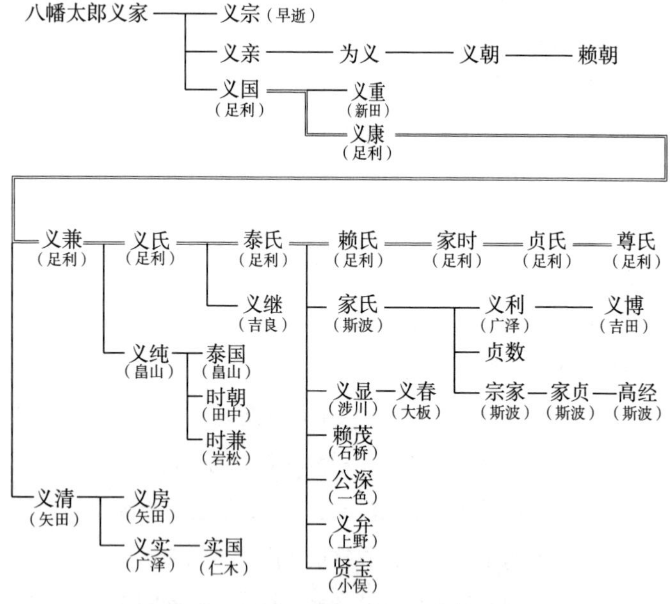

图 8 清和源氏流足利氏关联图（双线为嫡系世家）

前面提到过以职务名为姓氏的情况。使用人对其担任的职务感到自豪，而将之用作姓氏。譬如下述安达氏、留守氏、少式氏、三善氏的例子。

天平五年（733）朝廷为征讨虾夷建造了秋田城。到了征讨行动结束的平安中期，朝廷以路途遥远为由，不再派人赴任秋田城长官的城守一职。没有了长官，其次官“秋田城介”一职便由平繁盛脉系的越后平氏世袭继任。平繁盛是战胜了平将门的平贞盛的弟弟。

尽管越后平氏将根据地建在了越后国鸟坂（新潟县），但还是以世袭的秋田城介一职为骄傲，于是把“秋田”“城”“城介”作为自己的姓氏。但是后来他们在源平交战之际，加入了平氏一方，结果被灭。

取而代之被任命为秋田城介一职的是源赖朝的近臣安达藤九郎盛长之子安达景盛。之后景盛、义景及泰盛这三代安达氏，都是以“秋田”“城”“城介”为姓氏的。

文治五年（1189），奥州藤原氏灭亡，源赖朝委派家臣藤姓伊泽家景赴任陆奥国留守一职。

任职陆奥守一职的京都公卿们都以陆奥国太远为由，大部分人不亲自前往当地赴任。由于国司不到任，代为署理陆奥国国衙事务的便是“留守职”。这个职位就相当于国司不在时的次官，即陆奥国的最高长官。世袭留守一职的伊泽家景的子孙自然亦以此为荣，便以“留守”两字作为自己的新姓氏了。现在水泽图书馆里还保存着《留守氏系图》。

秀乡流藤原氏的武藤资赖被任命为统辖整个九州的大宰府大宰少式，他原本是武藏国的豪族出身，建久七年（1196）由赖朝推举出任此职。由于当时作为最高长官的大宰帅以路途遥远为由没有赴任，而首席次官大宰大式也不在位，因此任职大宰少式的武藤资赖就成了那里的最高长官。但是，资赖住在镰仓的时间，也要比住在其任职地太宰府的时间还多。直到其子资能及其孙经资继任大宰少式之后，他的子孙们才定居九州，世袭大宰少式一职，并以“少式”为姓氏。

作为镰仓幕府问注所长官的执事一职，由三善康信及其子孙世袭。于是，其子孙便以“问注所”作为自己的姓氏。这也可以说是源自官职的名字。

庶出家创造复合姓氏

甲斐源氏武田氏族以“源”为姓氏，由来于常陆国武田乡的“武田”则是其本姓氏。新罗三郎义光的第三个儿子义清被流放到了甲斐国市河庄（山梨县）之后，也依然继续使用“武田”这个姓。义清的子孙在甲斐国不断扩大势力范围，并各自将居住地作为自己的新姓氏，如一条、板垣、逸见等。

当时，从本姓氏“武田”改为“一条”“板垣”等新姓氏十分简单，也很普遍。不过在改姓的过渡阶段，有的族人也会在“新姓氏”前面冠上“本姓氏”。这可以称为复合姓氏。

比如，从上野源氏之新田氏庶出的人有的自称新田大馆、新田岩松、新田堀口等。或许是因为担心只使用大馆、岩松、堀口等新的姓氏，不被当地社会接受吧。同为新田氏庶出的里见氏，其氏族的庶出家再次分流的时候，也出现了里见竹林、里见牛泽、里见鸟山、里见大岛等复合姓氏。

在桓武平氏之三浦氏族群中，也有三浦和田、和田高井等复合姓氏。前者是从三浦家族分流出来的和田氏在自立过程中出现的情况，后者是从和田家族分流的高井氏在自立过程中出现的情况。当自立一旦完成，便会各自摘去所冠的本姓氏，只使用新姓氏和田或高井了。

宇多源氏之佐佐木氏的“名字之地”在近江国佐佐木庄（滋贺县）（参照图 9）。当镰仓幕府建立时，佐佐木氏因其领地靠近京都而被列为在京家臣，奉命居住在了京都。嫡系泰纲因住在京都六角堂附近，故称“佐佐木六角”。而其弟氏信的住宅因面对着京都东京极大路，故称“佐佐木京极”。

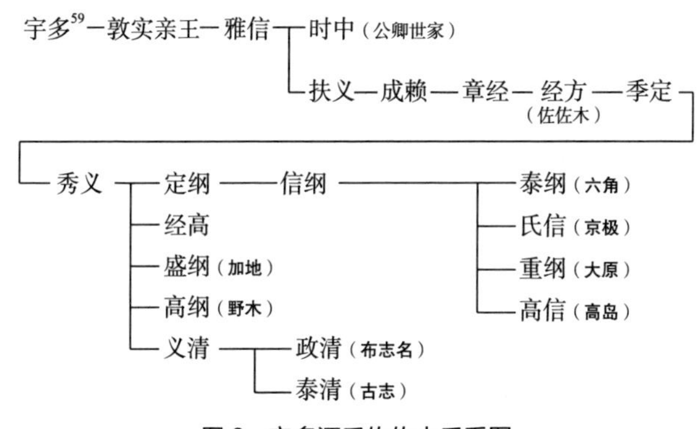

图 9　宇多源氏佐佐木氏系图

佐佐木四兄弟在源平交战中赫赫有名，他们的同父异母弟弟佐佐木义清一脉分流到了出云国（岛根县），并在那里定居，他的族人使用过“佐佐木布志名”“佐佐木古志”等复合姓氏，也都是以布志名乡和古志乡作为“名字之地”的。

还有，以肥前水军而闻名的松浦党中有“松浦相知”“松浦鲇河”“松浦波多”“松浦鸭打”“松浦神田”“松浦三栗”“松浦多久”和“松浦佐志”等复合姓氏。

不过，总体来讲，复合姓氏的例子并不是很多。其中镰仓北条家族属于复合姓氏比较多的，有赤桥、金泽、佐介等新的姓氏，但都是自称“赤桥流北条氏”“金泽流北条氏”“佐介流北条氏”等，从未出现过“北条赤桥”“北条金泽”“北条佐介”之类在新姓前冠以本姓的复合姓氏。镰仓北条家族虽然在全国各地都有领地，但绝大多数人都居住在镰仓。因此，镰仓北条家族的新姓氏基本上分为两大系列，一大系列由来于镰仓的地名，如赤桥、甘绳、大佛、龟谷、极乐寺、佐佐目（笹目）、佐介（佐助）等，另一大系列由来于领地的地名，如源自肥后国阿苏郡（熊本县阿苏郡）的阿苏、源自陆奥国伊具郡（宫城县）的伊具、源自丰前国系田庄（福冈县）的系田等。或许以上这些因素就是形成复合姓氏的背景。

四、独占源姓的赖朝

御门叶制度的确立

为了建立镰仓幕府，源平两家不可避免地要经历一场交战。但是，“源平交战”一词本身给人一种违和感。确实，交战双方的主帅是源赖朝和平清盛（后半期是平宗盛），从主帅这个层面而言，无疑是“源平交战”。但是，在源赖朝或者源范赖以及源义经指挥下作战的武士，很多都出自桓武平氏的庶流家族，如北条、三浦、畠山、千叶、上总、熊谷、江户、葛西、川越等。从实际参战的武士们的角度来讲，这场战役并不是“源平交战”，而是“平平交战”，是定居在东日本的桓武平氏的庶出家，与留在京都的平氏嫡系世家之间的战役。

而且，清和源氏领袖们的动向也存在着很多疑点。他们尽管都把平氏看作共同的敌人，可是有的人并没有团结一致地投入战事，反而不时厚颜无耻地与己方的源赖朝进行对抗。源氏的领袖们未必都支持源赖朝。或许源义经可以说也是一样，他违背源赖朝的命令，从后白河法皇那里讨得了官职。从这个角度来看，源平交战也是源氏家族之间争夺霸权的战争，也可以说成是“源源交战”。

在这样的情况下，源赖朝采取了限制使用源姓称呼的政策。除了赖朝以及得到其许可的一定范围的人士，严禁使用“源”这个姓氏。

一谷之战结束不久的元历元年（1184）五月二十一日，源赖朝向京都朝廷提出申请说“源氏一族之中，范赖、广纲、义信三人可为一州之国司”。为此，同年六月五日，京都朝廷召开任命官员的临时会议。源赖朝的同父异母弟弟蒲冠者范赖被任命为三河守，源三位入道赖政的第五个儿子太田广纲被任命为骏河守，而新罗三郎义光之孙大内义信被任命为武藏守。接着，平氏被灭后的文治元年（1185）八月十六日，朝廷又召开了任命官员的临时会议。清和源氏脉系上野源氏新田氏的庶出家的山名义范被任命为伊豆守，之前被任命为武藏守的大内义信的儿子惟义被任命为相模守，下野源氏的足利义兼被任命为上总介，甲斐源氏武田氏庶出家的加贺美（小笠原）远光被任命为信浓守，同为甲斐源氏武田氏庶出家的安田义资被任命为越后守。

另外，上总（千叶县）、上野、常陆（茨城县）三国的国司，由身为亲王的皇子就任，即亲王封任国司（但这只是纸上任命而已，实际并未设国司）。因此，足利义兼担任的上总介相当于长官（上总守）不在位的次官，也就是实际上的长官（国司）。

总之，这八个人都是由源赖朝推举给朝廷，朝廷再正式任命其为国司的，被称为清和源氏一门的御门叶[1]。

享有特权的御门叶制度

加入御门叶，意味着身为清和源氏后裔“赖朝御门叶”的血统得到了源赖朝的认可，是件极具荣耀的事情，与源赖朝同族，因此被准许享有使用“源”姓的特权。新田、佐竹、武田、南部、多田、井上、村上、土岐等清和源氏的庶出脉系中，虽然也有很多大豪族，但只要未被源赖朝批准加入御门叶，他们也都不能使用“源”姓。

文治元年（1185）八月，在前述五个人被任命为国司并加

1　门叶是指有血缘关系的一族。

入御门叶的时候，源赖朝的弟弟义经也被任命为伊予守。所以一般人认为义经也加入了御门叶，其实不然。因为这个时期伊予国（爱媛县）的封地国主是后白河法皇，不是源赖朝。源赖朝没有推荐伊予守的权限，因此是不能够推举谁出任伊予守的。

总之，被列入御门叶，对于源赖朝的家臣们而言是一种格外的荣誉。文治元年（1185）九月三日，源赖朝的父亲义朝的首级由京都运到了镰仓，被安葬在了胜长寿院。整个镰仓举行了盛大的安葬仪式，被允许进入胜长寿院的只有御门叶成员以及若干相关人士。同年十月二十四日，胜长寿院竣工。在落成典礼上，源赖朝率领数百名御门叶家臣进入会场，这时有资格伴随在源赖朝左右的也只有御门叶成员。每逢举行类似活动的时候，御门叶都会享受到特别荣耀的待遇。

御门叶制度中还有“准门叶”这一待遇。有的人血缘上不属于清和源氏，那么即便立下了赫赫战功，也不能成为“御门叶”。于是，源赖朝就将这些人列为准门叶，给予相当于御门叶那样的特别待遇。这些人中有源赖朝乳母寒河尼的儿子结城朝光；有武藏国毛吕乡领主毛吕季光，因为他在源赖朝被流放期间送食物给赖朝；还有下总国河边庄的下河边行平，他是当时日本第一弓箭手。这三位都是秀乡流藤原氏。

御门叶制度的源流

源赖朝是如何创建御门叶制度的呢？是否有前例可循？我认为它绝对不是源赖朝突发奇想的产物。

在源赖朝当政时代，位居天皇赐姓的源氏族群之上的源氏最高族长是村上源氏土御门通亲。因此，源赖朝是想要成为整个武士社会或是清和源氏族群的族长，来与代表公卿社会源氏族群的族长通亲进行对抗吧。

在坛浦之战中战败而走向衰亡的桓武平氏，全体族人直到最后都使用“平”姓，并没有任何的限制。他们也都是服务于朝廷的，所以使用“平”姓这一皇称说起来也是理所当然。

但是令人感觉有些许异样的是奥州藤原氏。从清衡、基衡、秀衡到泰衡，只有他们这些嫡系世家才可以使用“藤原”姓。奥州藤原氏的庶出脉系几乎全部都是使用其他姓氏的。根据我所掌握的资料，奥州藤原氏庶出家的姓氏与“名字之地”大约有以下几种。

西城户（西木户、锦户）太郎国衡（柳御所西门前、岩手县平泉町）

比爪太郎俊衡（比爪为岩手县紫波町日诘）

新田冠者经衡（新田为岩手县紫波町日诘字新田）

太田冠者师衡（太田为岩手县旧泽内村字太田）

河北冠者忠衡（河北为宫城县旧若柳町河北）

本吉冠者高衡（本吉为宫城县旧本吉町）

和泉冠者忠衡（不明）

我不知道奥州藤原氏是否也存在御门叶这样的制度，但是从只有嫡系世家使用“藤原”姓，而庶出家的姓都使用其所在地的名字这一点来看，可说与之十分相似。相模三浦家族、藤姓足利家族、源姓足利家族等的情况前面已有叙述，也都是只有嫡系世家才能使用本姓氏，而庶出家只可以使用新的姓氏。

第三章

决定姓氏存续的因素

一、 通过赐姓实施的改姓

改姓的权限在于天皇

从奈良时代中叶到平安时代初期，通过“赐姓”这种形式来“改姓”的情况十分多见。我们考证一下这些“改姓”的例子。

根据《日本书纪》记载，相扑运动始于大和朝廷第十一代垂仁天皇执政时，最早的比赛是野见宿祢和当麻蹴速两人在天皇御前进行的一场对战。据说其中那位野见宿祢在垂仁天皇的皇后日叶酢命去世的时候，一改侍奉皇后的奴婢要随之殉葬的习俗，将陶土制品放入陵寝中作为陪葬。天皇为了嘉奖野见宿祢的这一发明，便赐其姓“土师宿祢”，其子孙后代世袭负责天皇世家有关丧葬的事务。这样，“野见”姓就改为了“土师”姓。

到了奈良时代末期的天应元年（781）六月，其子孙土师宿祢古人等因不喜欢与负责丧葬有关的“土师”一姓，希望改为自己居住地的名字“菅原”，于是向桓武天皇提出申请，并得到了天皇的批准，被赐姓“菅原”。这次“改姓”同样也是通过天皇“赐姓”的形式进行的。同族的土师宿祢安人等因远在他乡，没能够及时沐浴到皇恩，所以依然使用着“土师”一姓。想必安人等当然也不喜欢与负责丧葬有关的“土师”姓。他们在第二年的延历元年（782）五月二十一日，也向天皇提出了申请，说希望改姓为“秋篠”，于是天皇便赐其姓“秋篠”。这件事在《续日本纪》中也有记载。虽然这次也采用了“赐姓”的形式，但其实就是“改姓”。

平安时代贞观八年（866），赞岐国（香川县）因支首道麻吕等向天皇提出申请说希望改姓为“和气公”。根据《平安遗文》152号条目记载，这份申请书经过那珂郡司、赞岐国司及民部省，一直上呈至太政官。不过，是否得到了当时的清和天皇许可，情况不明。总之，当事人先向朝廷提出希望“改姓”的申请，若得到批准，就以“赐姓”的形式进行改姓。

日本式姓名的产生

如上所述，当时的改姓要经过一个比较复杂的过程，如“土师”改为“菅原”和“秋篠”。我们将一些实际事例的来龙去脉简化之后再列举出来，大概有如下几种。

狛→高丽、占部→卜部→吉田、宇佐→和气、丈部→长谷部→长谷、多治比→丹、秦→波多、藤原部→久须波良部→葛原、上毛野→上野、大枝→大江、大伴→伴、石上→物部、笛吹部→物部→高原、土师→菅原→惟宗、膳→高桥、服部（hatoribe）→服部（hattori）→清原、伊→

五百木、锦织部→锦宿→三善、久备→久米→村部、寒→佐备→尾张、百济→多→多野→泽野、高阶→高、纪→越智、吉美侯→君子

总的来说，“多治比”“吉美侯”“丈部”之类大和时代才有的姓在后来慢慢消失，开始出现“高桥”“清原”“泽野”等现代仍继续在使用的姓。

这种变化大概始于奈良时代中叶的圣武天皇到平安时代初的嵯峨天皇时期。在这一时期，中国隋朝和唐朝的大陆文化在日本已经深深扎根，开始慢慢地融合转化为日本本土文化。

“改姓”风气大概就是在这样的文化环境中盛行起来的吧。就是说，大和时代的姓名只是利用汉字来表示倭人姓氏的发音，诸如“多治比”“吉美侯”等。久而久之，从中国传来的汉字已经不再被看作中文，而是作为日语固定了下来，所以在这个时期开始盛行“改姓”为日本式的姓名。

作为制裁措施的改姓

“改姓”还有另一个功能，即可作为对罪犯的一种制裁措施。

江户时期完成的《类聚名物考》中说，“罪人须变更姓名”。这又被叫作“夺姓”（除姓）或“除籍”，也叫作“除名”或“贬姓”，有的罪犯甚至还会被“赐丑姓”，有时还有改

变实名（改名）等措施。

下面围绕道镜欲夺天皇之位的宇佐八幡宫神托事件（弓削道镜事件），来具体探讨一下作为制裁措施的“改姓”。

神护景云三年（769），大宰府主神习宜阿曾麻吕假借宇佐八幡宫神之托梦，上奏称德天皇（女皇）说，若拥立道镜为天皇，将会天下太平。称德天皇称八幡大神托梦令其遣尼法均去宇佐八幡宫（大分县）参禅，她却委派了尼法均的弟弟和气清麻吕代替前往。然而，和气清麻吕并未如称德天皇所期待的那样复命。称德天皇一怒之下将其姓“和气”贬为“别部”，并将其实名“清麻吕”改名为“秽麻吕”；此外，还让其姐姐尼法均还了俗，并将尼法均的实名“广虫”改为“狭虫”。

和气清麻吕的本姓是“磐梨别公”。他在藤原仲麻吕（惠美押胜）之乱中立下战功而受到嘉奖，翌年天平神护元年（765）三月被赐姓为“藤野和气真人”，却因为这次神托事件冒犯了称德天皇，被改姓为“别部”，并被贬为无官无职的庶民，还被流放到了大隅国（鹿儿岛县）。但是，没过多久称德天皇驾崩，道镜倒台，他又被召回了京都，并被光仁天皇赐姓“和气朝臣”，这比被褫夺前的地位还要高。整理一下清麻吕的改姓过程：

磐梨别公—（改姓后晋升）→藤野和气真人—（被贬姓成为庶民）→别部—（被赐姓而晋升）→和气朝臣

仅看姓这个位阶的变化，即，公→真人→庶民→朝臣。两次改姓，一次贬姓，在形式上都属于“赐姓”。

作为处罚或制裁措施的“改姓”，也就是“贬姓”的情况，并不是很多。这里介绍三个史料中确实可查的贬姓例子。一例是在宝龟四年（773）七月十七日，纪益人被褫夺从四品下的位阶，成了无官无职的庶民，“纪”姓也被贬为“田后部”姓。第二例是在延历六年（787）九月，藤原汤守由“藤原”姓被贬为“井出”姓。还有一例是在贞观二年（860）九月二日，中臣福成由“中臣”姓被贬为“惟岳”姓。

如果是僧尼，那就会像尼法均被迫还俗那样，好像“贬姓”之前必须先还俗。在源平交战开始前夕的治承元年（1177）五月，天台座主明云僧正触犯了后白河法皇的忌讳而被迫还俗，同时进行了改名和改姓，被贬为“藤井松枝”，流放到伊豆国（静冈县）。（但明云僧正实际上并没有去到伊豆国。他在前往伊豆国的途中，被比叡山延历寺的僧兵们半道抢了回去。其实这事件也是源平交战的导火索之一，但很少有人知道。）

另外，皇族受到处罚时，比如前面所提到的和气清麻吕的例子，身份也会被贬为平民百姓。也就是说先令其脱离皇族，同时“赐姓”，然后再施以处罚。

治承四年（1180）五月，后白河法皇的皇子以仁王与源三品入道赖政合谋，试图推翻平家执政，但事发东窗，他听到风声而出逃了。这时，朝廷把以仁王降为臣籍，赐予“源”姓，实名也改为“以光”，并且发令对其进行讨伐。也就是说，以仁王本人在不知不觉中新建了“后白河源氏”。但这种情况并没有持续多长时间，就在不久之后的宇治川交战中，以仁王（源以光）战死了。

从以上几个例子我们可以得出以下结论。

和气清麻吕在被流放大隅国之前先被贬姓，明云僧正在被流放伊豆国之前被迫还俗，并被改姓，以仁王降为臣籍并被赐姓之后再被讨伐。就是说，朝廷大臣在受到处罚和制裁之前先要被罢免官职，若是僧人得先还俗，而皇亲国戚则要先被贬为庶民。因此，可以说贬姓意义上的改姓本身并不是一种制裁措施，而是为进行制裁而做的准备。

总之，天皇家掌握着“赐姓”的权力，既可以用于行赏，也可以用于处罚。用于后者时，称为“贬姓”或“夺姓”。也就是说，源平藤橘等姓氏的使用，都涉及与天皇有关的事情。虽然源平藤橘四姓被叫作“公称”，但从与天皇关系的角度来看，或许也可以称之为“皇称”。

因此，镰仓幕府的执政官北条氏从来没有在官方文件上使用过“北条”一姓。提交朝廷的文件当然不用说，即使在发给幕府家臣等的文件上，也都是使用“平”姓自称。室町幕府的将军足利氏在官方文件上也不自称“足利”，而是使用“源”姓。织田信长也从未在文件上使用过“织田”一姓，而是或署名“藤原信长”，或自称“平”姓。虽然江户幕府时期德川家族在发给诸位大名的文件上使用“德川”一姓，但在提交给京都朝廷的文件中，总是署名“源”姓。

二、受当时强权左右的姓氏存续

放氏与续氏

称德天皇把和气清麻吕改名为别部秽麻吕等事例，表面上是给了一个新的姓名，其实在形式上是一种赐姓。但是，改变本姓事实上就是改姓，从不再准许其使用原来的姓名这一点来看，实际上就是褫夺姓名。

天皇世家掌握的这种权力，到了平安时代中叶，逐渐转移到了各个氏族的族长手中。这种手段又被叫作“放氏”或“取氏”，就是将氏人逐出其所属的氏族。氏族的族长为了统治整个氏族，掌握着对氏人的制裁权。

氏人一旦被放氏，就不能再使用该氏族的姓氏了，拥有的该氏族特权也同时被剥夺。他既不能入朝为官，也不能白天外出。与同族人的交流也被禁止，受到同族人的排斥。最令人难堪的是，必须小心翼翼地待在自己家里反省。我想，氏人被放氏后最大的痛苦就是，再也得不到本氏族神灵和氏族寺院的加持和保护了。在相信神灵和诸佛存在的时代，这就等于是被神灵和诸佛抛弃了。

因此，被放氏是氏人们最为痛苦的事情。另外，这也进一步加强了拥有放氏权的氏族族长的权力。

放氏的手续很简单，只要颁布族长命令或制作一份叫作“迎书”的文件就行。因为很多氏族还拥有本族自己的学院，所以可以在本族学院将文件制作好交给氏人们传阅。不过，好像很多时候族长会事先与主要氏人协商，并得到他们的同意。

《朝野群载》卷七中载有如下一封迎书，是放氏的一个典型例子。

迎书

送劝学院

接到藤氏族长藤原兼家之宣书，特颁布如下：

备前国鹿田庄（冈山县）为藤原氏摄政世家之御领也。然备前守藤原理兼召集数百兵士闯入该庄内，没收预定上交摄政家大米三百石。其虽为藤原一族之末端，但破坏祖宗本志，实为害群之马。故夺其本系之氏（取氏），不予一族之待遇。一族诸卿商议决定，应告知后代，惩其不义。

宽和二年（986）十一月二十日

摄政家政所别当藤原为信奉宣

文件内容有点长，主要意思是，由于藤原理兼带人把藤原氏族长兼家的领地庄园搞得一片狼藉，故被族长褫夺姓氏并逐出了本族。当时一条天皇并没有承认鹿田庄属于藤原兼家的领地，而认为那是公家领地，故朝廷一直命令国司藤原理兼去征收租税。理兼被朝廷任命为肥前守，所以必须遵照朝廷的命令行事。他遵照朝廷的命令前往鹿田庄收取租税，族长却训斥说此乃本族自家领地，并将他赶出了本族。

总之，我们可以从这封迎书了解到放氏手续的先后顺序。

首先要经过“一族诸卿商议”，决定理兼的放氏。于是族长兼家给摄政家政所别当藤原为信下达命令（通常氏族族长须下达书面命令，但很多时候族长只是给摄政所别当下达口头命令）。接到族长命令的政所别当“奉”族长之命，执笔迎书，并将迎书送往劝学院。虽然史料上没有写，但按照规定，劝学院在接到迎书后应该发给氏人们传阅，广而告之理兼被放氏一事。

氏族族长拥有放氏权限，也意味着同时拥有批准被放氏的人重新恢复氏人身份的权力。这又叫作“续氏”或者“继氏”。据我所知，一旦有放氏的情况，基本上一定有续氏。

叶室流藤原氏的说方和说光父子连续两代都被放氏，这是放氏时间最长的例子。由于说方被放氏了，其次子惟赖便过继给了说方的弟弟重方作为继子，总算是被允许回到“氏人之列”。另外，说方被放氏的时候，被改名为赖佐。但为何被放氏，原因不明。

有关放氏的时间，在我查询的其他例子中，一般都不是很长。放氏差不多半个月以后，很多就被允许续氏了。

镰仓时代末期的正和四年（1315）五月二十五日被放氏的

参议正四品下藤原赖实，同年六月三日就被允许续氏，马上又入朝为官了。还有，正和六年（1317）五月三十日被放氏的大纳言藤原师信，在同年六月十二日被允许续氏。室町时代康永三年（1344）七月十日被放氏的权中纳言藤原隆荫，同月二十八日就续氏了。

镰仓和室町两个时代虽然放氏的情况比较泛滥，但是大多数马上就得到了续氏。想必这说明氏族族长的权力慢慢变弱了。

放氏权限移交氏族寺院

从下面的例子我们可以看到，拥有放氏权限的族长的权力被逐渐削弱。这是发生在镰仓时代中叶弘安七年（1284）九月十五日，勘解由小路流藤原兼仲的放氏事件。事件的来龙去脉在《勘仲记》中有详细叙述。

这一年年初，兴福寺的僧兵发起暴乱，在八月，与供奉藤原氏第一代藤原镰足的谈山神社（奈良县）神职人员发生冲突，并在大和国（奈良县）内横冲直撞。京都朝廷一方面要求镰仓幕府出兵镇压，另一方面发出了书面逮捕令。书面逮捕令一般都是在追捕重要犯人时才发布的。藤原兼仲奉大觉寺统龟山上皇之命，执笔制作这份逮捕令。

但是，兴福寺属于藤原氏族的寺院，兼仲是藤原氏族的氏人。藤原兼仲感到十分难办，因为他必须执笔逮捕氏族寺院僧兵的逮捕令。皇命难违，兼仲不得不制作了逮捕令，并向全国发出逮捕兴福寺僧兵的命令。

为此，兴福寺别当僧正向藤原兼仲发出信件，告诉他兴福寺决定将其放氏。为此，任职关白的藤原氏族族长鹰司兼平出面从中斡旋，但不起作用。在同月二十三日举办的藤原氏族八讲仪式上，藤原家族人员几乎全部到场，而兼仲没能出席。感到万分委屈的兼仲在日记中写道“最为遗恨，莫过于此也”。此外，同月二十六日兴福寺举行氏族八讲的满愿仪式，藤原兼仲只是交纳了布施，也未能出席。

同月二十九日，龟山上皇给藤原氏的族长鹰司兼平下旨说：“兼仲被放氏事，谅已获悉。若毫无根据将兼仲放氏，深感不妥。若说兼仲与兴福寺有仇并无真凭实据，应酌情处理。请族长将此意告知兴福寺。”

龟山上皇得知藤原兼平左右为难的处境，命族长鹰司兼平与兴福寺斡旋。于是十月六日，兴福寺和谈山神社达成和解。第二天，兴福寺僧兵之中主谋六人被唤至族长兼平的府邸，得知“和解既已成立，诸事应恢复如常”，意思是令兴福寺给兼仲续氏。同月十日，兴福寺别当僧正写信送到藤原兼仲府邸，信中内容是：“昨夜亥时（晚上十点）终止对你的放氏，决定予以继氏。”藤原兼仲最终得到了谅解，被放氏时间大约一个月。

那么问题就来了。在这一事件中，放氏的权限究竟在谁手里呢？

放氏的权限原本属于氏族族长。但在这次事件中，族长鹰司兼平为了安抚兼仲，只是出面做了调停。将兼仲放氏，之后又让他续氏的是藤原氏族的寺院兴福寺。就是说，镰仓时代中叶以后，放氏及续氏的权限从族长转移到了氏族寺院手中。

“分”的思想是氏族存续的智慧

到了平安时代后期，天皇世家已经延续了六十余代，藤原摄政世家独占摄政或关白一职，也已经持续了有十多代了。而在公卿社会，固定的官职也都已经开始了世袭。

在这个时期内，既没有发生过天皇世家以外的皇族成员继位天皇的情况，也没有藤原摄政世家以外的人担任摄政或关白一职。期间，菅原道真曾经急速上位，眼看着大有成为摄政或关白的势头，结果，道真被流放到太宰府死了。平将门又冒出来自称新皇，意欲成为东日本的国王，但他也在不久之后的交战中战死了。

在这样的形势下，京都的公卿社会萌发出了一种思想，不久这种思想确立并进一步发展。这就是“分”的思想，或许也可以称为“分”的意识。

这种意识认为每个人都有自己与生俱来的“分”。这个“分”也可以表现为“地位”“身份”，或是“分寸”“命里注定”等。总之，每个人一出生都带着各自的“分”。因此，每个人都要守住自己的“分”，即“守本分”，要根据自己的“分”来生活，就是“合本分”，活着必须随其“分”，就是“随本分”。

若是奢望超出自己的“分”，就是“过分”。若是做了不是自己“分”内的事情，就是“非分”，就会导致不好的结果。曾经的菅原道真以及当时的平将门，都是“过分”和“非分”的例子。菅原道真并非出身藤原摄政世家，却上位过急，妄想爬上摄政的位子，因为“过分”而被流放到了太宰府。平将门不是天皇世家，却自称“新皇”，结果因为“非分”而被敌箭命中眉心。这就是“分”的思想。

通过分析这种“分”的思想，就可以弄清何为家业、家职[1]与家格[2]了。似乎可以用平安时代后期成立的“姓氏家”这个概念来进行解释。

先来看看和气及丹波这两个氏族的例子。

和气清麻吕的姐姐法均捡到一个弃儿，并把他抚养成人。以此为契机，和气氏族历代都行医。10世纪末，丹波康赖编写了《医心方》这部有关中医药的重要书籍。从此以后，丹波氏族历代也都是医生。这样，和气氏与丹波氏两家的“家业”就是行医，他们的“家职”便是典药寮[3]的长官典药头，官位最高可升至正五品下，这也就是其“家格”。

1　家族世袭的职业与官职。

2　相当于中国的门第。

3　日本战国时期负责诊疗、药园管理的部门。

这就是和气氏与丹波氏两个家族的“分”。如果想要涉足医疗以外的事情，就是“非分”，如果想进一步出人头地，爬上比五品典药头还高的位置，就是“过分”。世人都称和气氏与丹波氏为“和丹两大医药世家”。

此外，中原氏和清原氏都被称为“事务世家”。其“家业”是专门负责校对诏书草案，执笔上呈天皇的奏章等，因此其“家职”是官府外记局的长官大外记，其“家格”同样是官位最高至五品。

还有被叫作“明法世家”的坂上氏和中原氏。这两个氏族的“家业”是专门研究律令法，以备天皇家或摄政家等的咨询。明法博士为其“家职”，其“家格”也差不多是官至五品。

上面我们介绍的“医药世家”“事务世家”“明法世家”的例子，都是负责固定职能的氏族。需要注意的是，他们都被称作“某某世家”。也就是说，公卿阶层的“摄政世家”也属于其中之一。

“摄政世家”的“家业”便是辅佐天皇世家署理朝政。其“家职”可以任大臣、大将直至摄政或关白，其“家格”最高为正一品。当然都出自藤原氏北家族群中的良房脉系。

负责朝政的“某某世家”以“摄政世家”为首，一共分为六个等级。他们虽然都负责政事，但所负责的政事本身是有差别的，官职和位阶也相应存在差别。

仅次于“摄政世家”的是“清华世家”，相当于“英雄世家”或“华族”。一共有转法轮三条、今出川、大炊御门、花山院、德大寺、西园寺、久我等七个氏族。到了江户时代，又加上醍醐、广幡二氏，成为九个氏族。“清华世家”的“家业”也是辅佐天皇世家署理朝政，但其“家职”是任大臣、大将至太政大臣。官职最高也就只能升到太政大臣，绝不可能成为摄政或关白。其“家格”基本最高官居二品，偶尔也有升到正一品的。

“清华世家”之后就是“大臣世家”。有中院、三条西、正亲町三条等三个家族。其“家职”可从大纳言经内大臣升至左右大臣，但一定到不了太政大臣，也不能兼任近卫大将。

“大臣世家”下面则是“羽林世家”。可从近卫少将或中将历经参议和中纳言，最高升至大纳言。有四辻、山科、高仓、难波、飞鸟井等二十五个家族或二十七个家族。“家格”最高官至正三品。

再下面是“名世家”。以文书事务为“家业”，兼任左右辩官到侍从官，最高可升至大纳言。“家格”为正三品。有日野、广桥、乌丸、柳原、竹屋、里松、叶室、权修寺、万里小路、清闲寺、中御门、小川坊城、甘露寺等十三个家族。

公卿社会中最低位的是“诸大夫世家”。“家格”通常为四品和五品，“家业”是担任摄政、清华、大臣等世家的家司，偶尔也有人升为从三品中纳言的。

与医药世家和事务世家等同样负责朝政以外职能的，有负责研究汉诗文和历史、担任纪传道（文章道）的“儒学世家”，负责阴阳道的“阴阳世家”，还有专指清和源氏与桓武平氏两个氏族的“武士世家”等。“儒学世家”有菅原、大江两个家族，“家职”是大学头、文章博士，“家格”为从五品下，但有时候也会被委任要职，官位甚至可升至四品或三品。“阴阳世家”有安倍、贺茂两家，归中务省管辖，出任阴阳寮，最高升至从五品下的阴阳寮长官阴阳头，该职能为世袭。“武士世家”身份比较低下，不被允许在清凉殿行走，因此，“家格”也很低，大都在六品以下，但是当朝廷需要使用武力的时候，其身份也会随之上升，后来慢慢地变成泛指除源平两氏以外的武士了。

地位最高的当然是“天皇世家”。其“家业”是统治日本国，“家职”是天皇，而“家格”则为日本国内之首。

每个“某某世家”都不能脱离其家业、家职和家格，都要尽力守住自己的“分”。

不可否认，正是这种“分”的思想，使得日本特有的阶级社会得以长期稳定发展，即使有比天皇握有更强大权力的人出现，也会保证天皇世家的继续存在。

削除姓氏和恢复姓氏

北条、足利、新田、三浦以及大友等大氏族，其嫡系世家独占着本姓氏，并禁止庶出族群使用。当氏族繁荣，开枝散叶，不断地分流出去，就有了新姓氏、新新姓氏甚至新新新姓氏等。这样一来，为提高嫡系世家的权威，加强嫡系氏族的凝聚力，禁止使用本姓氏是很有必要的。

但是这种情况只出现在有名的大家族中，小土豪家族中是不存在的。相反，很多中小武士世家比较普遍的情况是，希望通过都使用同一个姓氏，来强化同族意识，加强一族人的团结。

我们来看一下纪伊国隅田庄（和歌山县）隅田党的例子。对于我们了解中小武士世家的姓氏观和氏族观，它可以说是一个很好的实例。

隅田党是由二十五（后来变为三十一）家小土豪结成的社团，以庄内隅田八幡宫为共同的氏族神社，还把庄内的利生护国寺作为共同的氏族寺院。在镰仓时代末期，隅田庄属于镰仓北条氏得宗的领地，隅田党则是隶属于得宗的家臣。元弘三年（1333）五月七日，六波罗探题[1]北条仲时在近江国番场宿（滋贺县）莲华寺自尽，当时有十一位隅田党成员为其殉死。在南北朝内乱开始后，隅田党陷于困境，在受到北邻的楠木氏进攻的时候投降了南朝军队，结果又受到北朝军队的攻击。

在这样的情况下，分别拥有隅田庄二十一村的葛原、上田、境原、松冈、小西等二十五人聚集在了利生护国寺，全体成员决定都在自己的姓氏前面再冠以“隅田”二字，力图通过

1　六波罗探题是镰仓幕府在京都的六波罗地方所设的行政机关的首领。

使用冠以“隅田”的复合姓氏，来强化相互之间的凝聚力。然而，隅田党成员并不属于血缘上的同族。据我所知，葛原和境原两家是藤原氏，松冈是源氏，而上田是橘氏。因此，隅田党想通过虚构一个同族，来加强团结。在进入战国时代以后，隅田党感到有必要进一步加强氏族的凝聚力，最终弃用复合姓氏，索性全体成员都将姓改成了“隅田”。

若有背叛者，将会被褫夺“隅田”这个姓。隅田党相关的文书史料中虽然未见“削姓氏”一词，但这其实就是削除姓氏。

“削除姓氏”事件中比较著名的，就是足利氏庶出脉系今川贞世（后改为了俊）的例子。应安四年（1371），今川贞世出任镇西探题，前往南方军势力根深蒂固的九州，转战二十余年，成功地镇压了南方军。应永二年（1395）八月，今川贞世突然被召回京城，据说是因室町幕府内阁争斗的余波影响，受到了足利义满的怀疑。因此，平定了九州、回到京城的今川贞世，仅被封半个远江国（静冈县）领地的守护。但贞世的悲惨命运并未到此结束，反幕府态度愈加鲜明的他参加了应永之乱的谋反，事情败露，幕府发兵征讨盘踞在远江国的今川贞世。应永七年（1400），贞世向幕府军投降。

足利义满对贞世的惩罚还是比较宽大的，把伊豆国堀越乡（静冈县）分给了他，令他在那里一边反省，一边过着流放的生活。

当时贞世受到的处罚是“削除姓氏”，被禁止使用“今川”这个姓，被命令以流放地的地名“堀越”为姓。在贞世死后，削除姓氏的制裁还影响到了他的儿子贞臣，贞臣也没能够使用“今川”这个姓。到了他的孙子贞相这一辈，才总算被允许恢复使用“今川”的姓氏。但是，贞世的子孙们对于室町将军是抱有怨恨的。不久，其子孙们便弃用被恢复了的“今川”姓氏，改为“堀越”或“濑名”了。

在15世纪中叶，越后国（新潟县）的名门三浦和田氏也经历了削除姓氏的事件。

和田义盛是镰仓幕府侍所的第一代长官相模国三浦郡三浦义明的嫡孙，其弟弟高井义茂在源平交战之后受封越后国奥山庄，为了夸耀其与三浦氏、和田氏的勇武名声，便将三个姓氏合并，使用复合姓氏，自称“三浦和田高井”。这就是三浦和田氏的由来。此后约两百多年，庶出家不断分流，又出现了很多新名字。但是，所有新名字之前都冠以“三浦和田”，如“三浦和田黑川”“三浦和田羽黑”“三浦和田关”等。当然，嫡系家一直是“三浦和田高井”。

永应三十年（1423），室町幕府前将军足利义持和镰仓公方[1]足利持氏相互对立，他们趁越后国守护上杉房朝年纪尚小，便各自开始干涉起越后国的事务来，最终引发了越后应永之乱，导致了双方交战。具体而言，就是站在足利持氏一边的越后国百姓，对站在足利义持一方的守护上杉房朝发起了叛

1　镰仓府长官，相当于关东将军。

乱。战乱立刻就波及了奥山庄。三浦和田家族嫡系家的高井房资和朝资父子加入了守护一方，也就是室町幕府足利义持一方，而庶出家的黑川和羽黑两家则加入了百姓一方，也就是镰仓长官足利持氏一方。同族人之间的交战异常激烈。于是嫡系家对黑川和羽黑两家发动了“削除姓氏”的制裁。结果形势突变，支持黑川和羽黑两家的其他庶出们抛弃两家，重新回归到嫡系家一方。

在三浦和田家族中受到孤立的三浦和田黑川基实自杀，羽黑家向嫡系世家投降。于是，嫡系家让羽黑家恢复了姓氏，准许其使用“三浦和田”的称呼。

发动“削除姓氏”和“恢复姓氏”的权限，从其本来性质而言，很容易被认为是在各家族的族长手中，其实并不尽然。

在更早些时候的镰仓时代中叶，建长二年（1250）十二月二十七日，幕府执权北条时赖颁下判决书说“将军的贴身当值之事，自今以后，若有不认真负责者，削其姓氏，永不录用”。就是告知第五代将军九条赖嗣贴身当值的家臣们，若对自己的工作怠慢偷懒，将会被处以“削除姓氏”的惩罚。但是至今尚未发现镰仓时代实施过类似处罚的例子。

日本战国时代弘治二年（1556）十一月二十五日，下总国结城城（茨城县）城主结城政胜颁布的《结城氏新法度》二十二条文中说：“自此以后，若有不忠者，其同类尽悉绝之，削其姓氏，逐出他乡，若继续使用，必永绝其姓。务必谨记。”这是在威吓家臣们，若不忠，将根绝当事人及其全体族人，削除其姓，并令其永世不得再用此姓。

同样的法令，可见庆长元年（1596）十一月十五日，土佐国（高知县）的大名长曾我部元亲所发布的《长曾我部氏掟书》八十四条，该条说："忠节者继承姓氏之事，其因犯错而受到处罚时，轻者不祸及姓氏，重者将削其姓。"

就是说罪则轻不会削除姓氏，犯重罪就要被除姓。可见"削除姓氏"与前面所述的放氏不同，是相当重的一种惩罚。

原本天皇世家拥有的"赐姓"权限，经历了藤原摄政世家的"放氏""续氏"的阶段，发展演变为"削除姓氏""恢复姓氏"。这与授予姓氏也都是相通的。

比如，织田信长对木下藤吉郎说"给你一个姓吧"。他从丹羽长秀和柴田胜家这两位织田家家臣的姓中各取一字授予木下藤吉郎，于是木下便使用"羽柴"这一姓了。织田信长还授予丹羽长秀"惟住"，授予明智光秀"惟任"的姓氏，两者都是九州名门望族的姓氏，由此可见织田不久将要进攻九州的意图。

日后成为天下人的秀吉，自创"丰臣"姓氏，还将"丰臣""羽柴"这些姓氏授予宇喜多秀家、前田利家、结城秀康、森忠政、京极高次等大名，给予他们同族人的待遇，为自己的家族筑起一道藩屏。

同样，曾经姓"松平"的德川家康，也把"松平"这个姓氏授予岛津、井伊、柳泽、大河内、池田、伊达等大名。

或许是现实告诉他们，掌握权力就要培养"心腹"，并通过心腹来加强统治。

三、 平民不称姓的理由

自觉地不公开称姓

在古代，包括普通人在内，全都被称作“百姓”。所有人都各自属于某个氏族，拥有姓名。

《万叶集》中记录了很多一般平民的姓名。比如，男性有生玉部足国（第 4326 首）、川原虫麻吕（第 4340 首）、丈部足麻吕（第 4341 首）、朝仓益人（第 4405 首），女性有椋椅部刀自卖（第 4416 首）、服部呰女（第 4422 首）。

所有人都有姓或姓名。

有关奈良时代平民的姓名，根据《宁乐遗文》记载，有天平胜宝四年（752）住奈良左京八条一坊的居“民”美吉若麻吕（“宗教篇”下）、天平神护二年（766）十月越前国足羽郡（福井县）的“草原乡人”宇治智麻吕、与宇治同郡的“野田乡百姓”女性车持姊卖（“经济篇”上）等。

可见这一时期平民也都是有姓名或姓的。

有关平安时代平民的姓名，《平安遗文》中也有记载，如土佐国（高知县）的佐伯、宗我部、上毛、八木、纪、柏部、秦、草江，久安二年（1146）京都十五岁的藤井友泽，还有身为“强盗”的“□（因虫蛀无法辨认）原末利”等。可见那时平民都是有姓和姓名的。

总而言之，古代人们全都有姓名和姓氏。

然而，进入中世，大概是到了源平交战前后，情况突然发生了变化，普通平民都不再称呼姓名或姓氏了。

没有任何历史资料告诉我们是什么原因。但是以姓氏为主线，回顾历史来探究一下，或许可以得出以下的结果。

日本古代是一个以天皇为中心的时代。因此，公卿们很重视姓氏。因为天皇赐予的姓氏表示着其与天皇的关系。但是到了摄政政治和院政时期，天皇本身都不理朝政了，逐渐威信扫地。同时，赐姓称呼也慢慢被废弃。

取而代之的是自称姓名。对于新兴武士而言，这种自称姓名，也就是对外宣示自己是拥有某块领地的领主。也就是说，没有领地的人就没有资格称姓。很可能就是这个原因，没有领地的平民阶层便自觉地回避对外称呼姓名了。并不是法律上禁止使用。

关于那些为武士服务但是没有领地的杂役们的情况，《保元物语》和《吾妻镜》中都有很多例子。

譬如，源为义的杂役“花源”，北条时政的杂役“藤源太”，三善康信的杂役“鹤太郎”等。此外，还有源赖朝视同手足的杂役们，比如友行、宗重、定远、信方、宗光、里长、吉枝、宗廉、里久、泽安、正光、真近、常清、利定、成里、成重、成泽、泽重、国守、清常、鹤次郎等。

文治二年（1186），大和国出云庄（奈良县）名主的称呼（《镰仓遗文》202），有重国、国时、国久、助光、助安、贞安、助国、重末、贞元、贞国、国弥、贞次、久国、助贤、今国等。

还有《义经记》中出现了叫作“金卖吉次”的商人。

杂役、农民及商人等没有领地的人们自律地不对外称呼姓名的风气，在室町、战国、江户等各个时代都一直持续，渐渐地，没有领地的人称呼姓名被看作是件坏事了。甚至有记载说“地下人等，附庸风雅，称呼姓氏，实乃前所未闻也。身为百姓而称呼姓名，是不守身份的邪曲之事”。

与此同时，汉字“名字”一词也逐渐不使用了，而开始使用“苗字”[1]一词。

没有任何法令禁止平民对外使用姓，但奇怪的是，普通平民还是继续自律地不对外称姓。

有关这一层情况，丰田武在其著书《姓氏的历史》中指出：“结果，村内上层农民禁止普通农民使用姓氏，（中略）很多时候，与其说是由于幕府和各藩的统治，不如说是由于共同体内部的规制。”丰田认为，以村为单位来看，农民们不对外使用姓氏是由于自主规制，但从根本上来说，还是出于上层阶级对下层阶级的压迫。

1　这里的“苗字”就是中文“姓氏”的意思。

准许对外称呼姓氏

归根到底，平民百姓不使用姓氏，是自我约束，是自律性的。不过我认为，这种状况长期持续，使得权力者们深信平民百姓不使用姓氏是由于他们的限制或禁止。

江户时代宽政年间（1789—1801），上野国高崎（群马县）的郡代大石久敬在《地方凡例录》中记载说："历来百姓（中略）即便先祖确为高贵的后裔，一旦流落民间，也不能使用姓氏和佩刀。"我想，这段文字真实地反映了权力者们的那种"深信"。

另外，普通平民中也有人由于职业关系或其他因素，没有自律，而是使用了姓氏。即使出现了这种情况，权力者们似乎也深以为是自己批准他们使用姓氏的。在江户时代的史料中，发现有"准许历代"称呼姓氏的说法。

这些人中有神社的神职人员、医生、相扑手、村长、里长、村中长老等有头衔的人，还有负责大名住宿的驿站旅馆的人、幕府和各藩的御用商人、历代使用姓氏称呼的乡士，等等。

还有一些特例，也被允许"仅此一代"使用姓氏，比如孝子、多年来提前缴纳年租的农民等。江户时代中叶的国学家伴蒿蹊在其著书《近世畸人传》中介绍了这样一个例子：陆奥国白河藩（福岛县）有位名叫内藤平左卫门的人，诚实好学，出类拔萃。不仅如此，还救人、造桥，多行慈悲，得到领主赏识，于是被允许称姓佩刀，并被立为楷模。

也就是说，有着“内藤”姓名的平左卫门，因筑路架桥而被准许称姓及佩刀。所谓“佩刀”，就是武士佩戴的长短两把刀。

当时，批准使用姓氏的权限在于作为统治者的武士。但并不是所有武士都拥有这个权力。拥有这个权力的只限于江户幕府的旗本[1]和各藩拥有领地的藩士。因此，与其说它是武士的权力，倒不如说是领主的权力，而且领主行使该权力的范围也仅限于自己的领地。

到了江户时代中期以后，幕府的旗本和各藩藩士越来越穷，因为俸禄没增加，物价却不断上涨。在这样的情况下，拥有领地的旗本和藩士等所采取的措施就是，允许自己领地内比较富裕的百姓使用姓氏和佩刀。作为回报，富裕百姓须将其借款一笔勾销，或是继续借钱给领主，有时候还须以谢礼的形式缴纳特别税。

文化七年（1810）五月，相模国中郡西富冈村（神奈川县）拥有四百石领地的旗本户田家族的管家秋山胜之助给管理领地的村长仁左卫门发信说：

1　江户时代专指将军直属武士中领地不满一万石，但有面见将军资格者。

堀江仁左卫门大人

听闻你最近染病在身，提出申请希望免去村长一职。你家代代担任此职，已有数年，而且你们在各村长中，实属管理有方，辛勤努力，深得领主信任。故免去你村长一职，晋升为长老，位于各村长之上，并批准你这一代使用姓氏。特此恭贺。祝你早日康复，继续勤勉奉公。

文化七庚午年五月　　领地内

秋山胜之助（印）

旗本户田家经济日渐贫困，财政方面在很大程度上要依靠领地内最为富裕的村长仁左卫门。仁左卫门对此不是很愿意，便托病申请辞去村长一职。然而，旗本家棋高一着，一面同意了仁左卫门辞去村长的申请，一面将其晋升到比村长更高的村长老的位置，并且准许其对外使用姓氏。信的开头称其“堀江仁左卫门大人”就是证明。

从仁左卫门一方而言，这也是一种荣誉，也不好说不接受，但同时他借给旗本家的钱等也是拿不回来了。之后仁左卫门在回信中说“荣幸之极，不胜感谢”，由此推断，我想他不仅给旗本家贷了款，而且还奉上了特别税。

越发贫困的旗本等，经常使用这种手段，其实就是向领地内的富裕农民出售称姓和佩刀的许可。

由于这种情况发生得太过频繁，江户幕府感到十分头疼，在享和元年（1801）七月曾颁发布告（《德川禁令考》）

如下：

> 百姓和商人相继使用姓氏及佩刀之事，皆为其领地领主及庄主所准许，说是属于特别措施等。从今以后，领主自不待说，庄主等不可再擅自许可使用姓名和佩刀，应坚决禁止。

这个法令被认为是禁止百姓和商人称姓和佩刀。其实不然。此令禁止的对象是“领主庄主”，是禁止他们擅自允许百姓们使用姓氏和佩刀。

公开称姓的义务化

进入明治时代，四民平等及文明开化的风潮兴起。明治三年（1870）九月十九日，太政官颁发了“从今以后准许平民使用姓氏”的布告。明治新政府接管了江户时代领主和庄主的权限，批准全体国民公开使用姓氏。

若按照太政官的布告，全国上下所有日本人理应全都使用姓了。但是，情况完全出乎明治新政府的预料。几乎所有的老百姓都没有使用姓氏。因为当时的人们无法从长期以来养成的习惯中摆脱出来。布告的要义无法得到贯彻。最为主要的是，这个布告中使用了“准许”一词，因此大家认为这并非义务。

总之，大多数人并没有想要称姓的意思。明治新政府感到十分头疼。但当务之急的征税和征兵等都需要报备户籍，于是，明治四年（1871）四月四日，出台了户籍法。接着在明治五年（1872）正月二十九日，开始了全国性的户口调查，总算在该年度中完成了户籍登记。因当年干支为壬申，故称为《壬申户籍》。

在户籍登记过程中，发生了一些混乱。有的人更改了之前一直使用的姓，还有住在一起的父亲及兄弟各自申报了不同的姓氏。因此，政府立刻禁止了更改姓名和门牌号等行为，并规定同一家族使用同一个姓。但是也有妻子不用丈夫之姓的情况，妻子在申报户口时使用娘家的姓氏，也被受理了。此外，壬申户籍登记在册的人中有很多都没有姓。人们还是没能摆脱长期以来养成的习惯，顾忌周围人的看法。

鉴于这种情况，明治八年（1875）二月，政府又发布了太政官布告，要求从今以后每个人都必须使用姓氏，如果不知道之前自己祖先传下来的姓氏，应新取姓氏。

由于前一次的布告后出现了混乱，这次发布太政官布告的目的，就是全面贯彻使用姓名的规定。明治八年（1875）十二月，太政官再次发出布告，允许在结婚、过继子女、离婚、解除关系时使用新的姓氏。这样一来，无论有什么样的原因，人们都不被允许不称姓了。

但是，新政府内部也出现了混乱。在翌年三月，太政官又发布告说，妇女嫁人仍应使用出生时的姓氏，但若继承夫家的家业，则应称夫家姓氏。这等于说女性即使结了婚，也应该使用娘家姓氏。这一现象说明长期以来的习惯还在继续。

明治三十一年（1898）六月二十一日，颁布了民法和修订户籍法。其中又规定，结婚后的女性应使用丈夫的姓氏。其底色是出嫁随夫的思想。

第二次世界大战以后，昭和二十二年（1947）五月三日，新宪法实施。同年十二月二十二日新的民法颁布，提倡男女同权，规定结婚后的夫妇可任意选择使用某一方的姓氏，但必须是夫妇同姓。昭和五十一年（1976）进而规定，妻子和丈夫离婚后既可以使用婚内的姓氏，也可以使用娘家的姓氏。而近年来，夫妇别姓论又成了热议的话题。

第四章

实名的变迁

一、实名种种

来自动物名的实名

苏我氏族从稻目经马子、虾夷一直到入鹿，历代都掌握着大和朝廷的大权。而除了稻目，其他三代的实名里都带有动物的名字。马子是马，虾夷是虾，入鹿是海豚。

这种现象不仅限于苏我氏族，据《古事记》《日本书纪》《万叶集》等日本古书记载，以动物名和鱼类名作为实名的氏族有很多。比如巨势臣猿（猿）、中臣连乌麿（乌）、上毛野君小熊（熊）、真野臣鸟（鸟）、阿倍臣鸟（鸟）、穴人臣雁（雁）、八口采女鲔（鱼）、上毛野牛甘（牛）、土师连菟（兔）等。

其中猿、鼠、虫、马、牛特别多，除了龙、乌、雁，还有鲭鱼和鲔鱼等。令人感到些许意外的是，当时没有一个氏族是以近在咫尺的猫和狗等作实名的。在上述列举的实名当中，如果不算当时已经成为家畜的马和牛，多数是野生动物。当时的人们之所以将这些野生动物作为自己的实名，我想或许是出于对野生动物所具有的顽强生命力的憧憬，或者是希望获得动物所具有的强大活力吧。而在这种思维的深处，蕴含着万物有灵的信仰和神秘的咒术意识。

男性为彦，女性为姬

在古代，男性的实名，却像“马子”那样，大多以“某子”的形式来表示，十分惹人注目。除了著名的遣隋使小野妹子，以及后来改名为藤原镰足的中臣连镰子，还有大伴咋子、葛城直瑞子、膳臣倾子、坂田君耳子和钦明天皇之子椀子亲王等。这种“某子”的形式，在大和时代用于男性的实名。到了后世，却颠倒过来，成了女性的实名了。关于这一点，将在后面详细叙述。

如果用日语训读发音来表示日本古代男性的实名“某子”，就是“某 KO”。与此相对应，女性的实名则是“某女”或“某卖”，日语发音为“某 ME”。除了椋椅刀自卖、宇迟部黑女、大伴部真足女等，还有第一章中提到的养老五年（721）下总国葛饰郡大岛甲和里（东京都）户籍中的孔王部阿古卖、小宫卖、大根卖等。

从大和时代后半开始，在表示男性的“KO”和表示女性的“ME”前面又出现了“HI”的发音，于是很多男性的实名就成了“某 HIKO”，女性的实名就成了“HIME”。男性实名的“某 HIKO”用汉字来表示，就成了“某比古”或“某彦”；女性的“某 HIME”用汉字表示就是“某姬”或“某媛”。或许，原本的“KO”和“ME”仅仅是表示男性和女性的意思，而前面加上了“HI”的发音之后，很可能就成了美称或尊称。不久之后，“某姬”就渐渐演变成高贵女性的称呼了。

以男性的“某 HIKO”为例，有狭手彦之弟大伴阿被比古、倭彦、手彦、磐余彦、御间城入彦等。女性“某 HIME”的例子有木花开耶姬、磐长媛、甘美姬、广姬、振姬等。

另外，不作为实名而是用作尊称的有“某 IRATSUKO”和“IRATSUME”。因其最后一个音是“KO”或者“ME”，所以也是从“某 KO”和“某 ME”的形式发展而来的。男性的“IRATSUKO”用汉字表示就是“郎子”或“郎君”。《万叶集》中有称德仁天皇为“菟道稚郎子”的。

平民也使用“麻吕”

男性的实名还有“某 MARO”的形式。从大和时代到平安时代，这种实名很多见。早先汉字写作“麻侣”，后来逐渐演变成“麻吕”或“麿”。我们可以在《万叶集》中查找到很多这样的例子，比如相模国镰仓郡（神奈川县）的丸子连多麻吕，以及纪男麻侣、阿倍臣火麻吕、橘臣麻吕、大伴猿麿、藤原氏京家初代的麻吕等。

有关麻吕这一称呼，历史学家喜田贞吉在其论文《麻吕之名的变迁》中指出，麻吕最先是用作自称（第一人称）的，后来才被用于人名（《社会史研究》第 10 期，第 2—3 页）。但是，因为大和时代能够作为例证的史料很少，所以我没能发现喜田所说的“麻吕用作自称（第一人称）”的例子。不过，倒是找到了在进入平安时代以后，麻吕作为第一人称的很多用例。因此，我觉得与其说“MARO”是喜田指出的“由自称转化为人名”，倒不如说是先有人名，再“由人名转化为自称”更接近事实。

我们再以前面提到的养老五年（721）“下总国葛饰郡大岛乡户籍”的十人家庭为例，真泰、大麻吕、德麻吕、麻麻吕、若麻吕、古麻吕六位男性的实名中有五人是“某麻吕”。由此可见，在当时的平民阶层中，实名中使用“某麻吕”形式的情况很普遍。不过在奈良时代的上流社会中，称“某麻吕”的情况也有不少。根据《续日本纪》记载，有君子伊势麻吕、久米奈保麻吕、桑名倭万吕、高屋连赤麻吕、高大万吕、高史佐美万吕、纪少鲭万吕等，这样的例子不胜枚举。因此，饭沼贤司在其论文《人名小考》中指出，在9世纪前半以前，称呼“麻吕”的情况不问地域，所有阶层中都存在（《庄园制与中世社会》）。“某麻吕”形式的实名一直持续到了平安时代。

补充一点，有国语学研究和民俗学研究学者指出，“麻侣”或“麻吕”的实名由来于“丸”一词，意思是说因太锋芒毕露容易得罪人，所以要行事低调不显才能。若按照这个说法，“某麻吕”的实名含有谦虚谨慎的意思。

总之，在奈良时代，男性将“某麻吕”用作实名的情况极为盛行。

贵族的“麻吕”与平民的“丸”

9 世纪后半叶，男性实名中使用“某麻吕”的情况逐渐消失。与此同时，在上流社会中，“麻吕”或“麿”慢慢演变成贵族阶层男性的第一人称。

平安时代的公卿们开始使用“麻吕”或“麿”来表示“私”或“俺”。我们来看看以下几个例子。

> 某人之子，小童窃语：“麻吕、回应此歌。”
>
> ——《土佐日记》，承平五年（935）正月
>
> 昨夜未来，今朝却来，姬以为麻吕早知。
>
> ——《落窪物语》卷一
>
> 院宣，麻吕不可有违。
>
> ——《义经记》卷六

另外，“麻吕”在下层社会中演变成“丸”，渐渐被下层的特殊人群用于自己的实名。有关这方面的研究，前面提到的饭沼氏的论文中有详细论述。论文中举出了很多实例，有咒术师爱王丸、猿乐师小野福丸、饲牛童的小犬丸和泷雄丸，有原先是罪犯后来成为审判官手下的黑雄丸，此外还有高太入道丸、乙王丸、子春丸等。

我认为，那是因为原来“麻侣”和“麻吕”所含有的谦虚谨慎的意思进一步演变，反倒成了蔑称，到最后竟然被视为歧

视的对象，以至于这些人就索性以此为名了。进而，又有了酒吞童子、茨木童子、伊吹童子等山贼的称呼，海贼藤原纯友之子自称重太丸，也属于性质相同的情况。

据说自称“某丸”的贱民们即使长大成人了也仍然一副儿童打扮。《平治物语绘卷》中有张画，上面画着一位骑着马的审判官，周围跟着数名手下，这些手下都是儿童模样。这类贱民终身不能元服[1]成人。他们不会戴上普通人元服后必戴的黑漆帽，一辈子都是不梳丁髻的稚童打扮。

乳名的变迁

然而，没过多久，诸如今若丸、乙若丸、牛若丸之类的小孩名，在上流社会就被用作孩子元服之前的乳名了。那么，是从什么时候开始，“丸”不再是蔑称，反而成了上流社会孩子们的乳名了呢?

史料上最早出现的儿童乳名，一般认为是《梅城录》中菅原道真的“阿呼”。而在《菅家文草》中，道真的小儿子被称作“阿视”“阿满”“小男”。《大镜》中，藤原道隆的长子道赖被称作“大千与君”，次子伊周被称作“小千代君”，三子隆家被称作“阿古君”。只有“君”这一敬称，但未见“丸”字。《吾妻镜》中，北条泰时的乳名叫“金刚”，北条经时的乳名叫“藻上御前”。但是北条氏的政敌三浦光村则被叫作“驹

1　古代中国、日本、朝鲜等地一种传统的男子成人礼，在20岁时举行。

若丸”。可见这时候称“某丸”仍然带有些许蔑称的意思。

但是，从镰仓末期开始，蔑称的意思慢慢消失，叫作“某丸”的乳名渐渐普遍起来。伊予国（爱媛县）的豪族河野通忠被称作千宝丸，同族的通晓被称作德王丸，还有一位同族通朝被称作毗沙丸，而楠木正成的乳名叫多闻丸，等等，他们都大大方方地称作“某丸”。

不久，乳名中也出现了通字的情况，即家族历代孩子的乳名都使用同样的汉字，父传子，子传孙，再传曾孙。前面提到的藤原道隆之子有“大千与君”“小千代君”，这个“千代”就是通字，不过其三子没有使用“千代”。但源赖朝这一族系的乳名很有可能是使用通字的。根据史料记载，有“幡”和“万”两种，或许使用“幡”是确有其事。

北条时赖之后的镰仓北条氏族的乳名中“寿”字较多。时赖的父亲时氏二十八岁去世，其兄经时二十三岁就去世了。时赖本人也是三十七岁就去世了，其子时宗三十四岁去世，寿命都很短。因此，乳名的“寿”字或许寄托着希望后代长寿的心愿吧（参照图 10）。

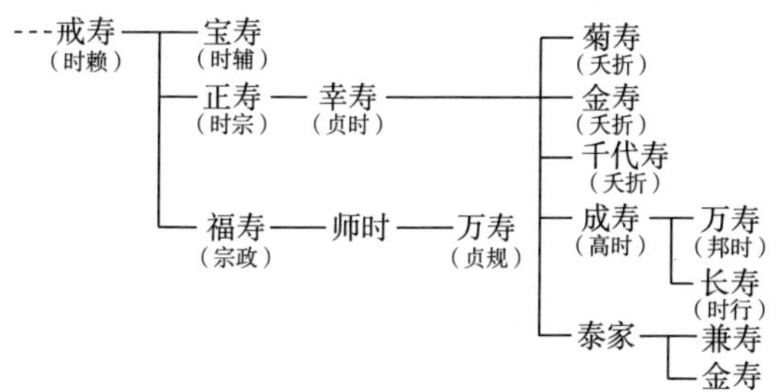

图 10　北条时赖之后镰仓北条氏族的乳名

在足利氏京都室町将军家族历代的乳名中没有发现通字。但是镰仓公方家族历代的乳名都是以“王”字为通字（参照图11）。

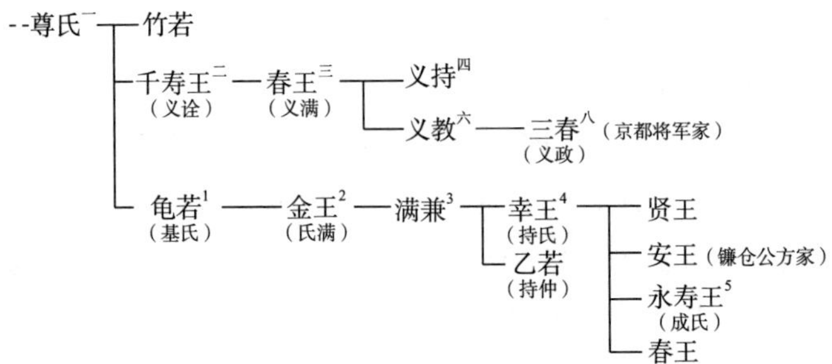

图11　足利氏乳名
（一至八汉字数字为历代将军，1到5阿拉伯数字为历代公方）

室町幕府的管领世家细川氏赖元这一代的乳名为“聪明丸”，于是决定之后历代嫡系都以“聪明”为乳名（《续群书类丛》所收“细川系图”）。不料第三代持元夭折，所以由乳名本不是聪明丸的弟弟持之继承了家业，此后他的子孙的乳名也都叫聪明丸。细川政元收澄元为养子，然后澄元的子孙的乳名也都叫聪明丸了。在细川家族，“聪明丸”这个乳名成了今后将由谁来继承家业的象征。

常陆国的佐竹氏族也存在同样的情况。若被立为下一代继承人，其乳名便叫作“德寿丸”。

源平交战时期崛起的名门望族萨摩国的岛津家族，由于收养了继子，继承人的乳名便由“又三郎”改为“虎寿丸”，之后经历了“某房丸”，又重新回到了“又三郎”。在这期间，有时还同时使用两种乳名。

大江广元的后裔、长州毛利家族的乳名很微妙，有“松寿丸”“千代某丸”和“某千代丸”三种类型，交替着使用。

德川将军家族历代的乳名如图 12 所示。

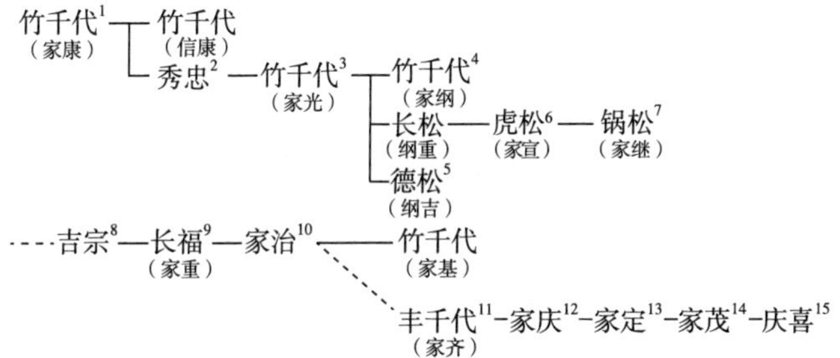

图 12　德川将军的乳名
（第六代家宣 [虎松] 是纲重的儿子，被纲吉收为养子）

由“姬”到“子”

平安初期，女性的实名称呼发生了很大变化。

最明显的变化就是，上流社会公主们的实名从“某郎女”“某比卖”“某姬”“某媛”变化到了“某子”。如前所述，在奈良时代，“某子”本是男性的实名。

当然，奈良时代也并非完全没有女性的实名叫“某子”

的。根据我所查到的资料来看，《万叶集》第 95 首和歌“吾昔毛也，安见子得有。皆人乃，得难尔为云，安见子衣多利”中的安见子，或许是女性使用“某子”为实名的最早的例子。

据说藤原镰足因为成功地娶到了可望而不可即的后宫女官安见子，高兴得手舞足蹈，于是赋和歌一首。还有藤原不比等之长女宫子（文武天皇之妃，圣武天皇之生母），以及次女光明子（圣武天皇之妃，孝谦女皇的生母）的实名也都是“子”的形式。

总之，在此之后的半个世纪里，并没有发现其他“某子”形式的女性实名。但是进入平安时代，平城上皇身边出现了一位叫藤原药子的名女。此外，根据《续群书类聚》所收“皇胤系图”记载，淳和天皇的后宫中有大中臣渊鱼之女安子、大野真雄之女鹰子、橘清野之女船子、清原夏野之女春子等。这些女性与淳和天皇所生的皇女有氏子、有子、贞子、宽子、崇子、国子、明子等。

第一章中提到，淳和天皇的哥哥嵯峨天皇之皇女被赐源姓并降为臣籍，嵯峨天皇的其他皇女作为内亲王仍然保留着皇籍的有正子、秀子、俊子等，实名中也都带有“子”字。而被赐源姓降为臣籍的皇女则有贞姬、洁姬、全姬等，她们的实名中都含“姬”字。既然“某子”形式的皇女保留了皇籍，那么可以说她们要比“某姬”形式的皇女地位高一点。因此，称呼“某子”的时候，“子”很可能是比“姬”地位更高的敬称。

二、 加强同族纽带的系字与通字

兄弟实名共有同一汉字的系字

平安初期，男性的实名也发生了很大变化。

在这以前，男性的实名，既有用一个汉字的，也有用好几个汉字的，在字数上并没有限制。当时掌握着实权的藤原不比等几个儿子实名的字数也不等，有武智麻吕、房前、宇合、麻吕等。普遍都是用意思比较吉利的两个汉字，如冬嗣、长良、良房、基经等。

图 13 是桓武天皇脉系男性后裔的系图。桓武天皇皇子们的实名有安殿（平城）、神野（嵯峨）、大伴（淳和）、伊予等，完全看不出他们之间有什么关联。不过嵯峨天皇皇子们的实名里都有一个“良”字，如正良（仁明）、秀良、业良、基良、忠良等。

诸如此类，通过兄弟实名共有同一个汉字，来表示大家是同父兄弟。这种共有的汉字叫作“系字”。

虽然天皇世家的系字是从嵯峨天皇之子这一代开始的，但淳和天皇的皇子们也有两种系字，一种是“恒”，另一种是“贞”。这就说明这时候系字还没有成为一种制度。然而，接下来仁明天皇的皇子这一代，包括文德天皇在内，规定都把

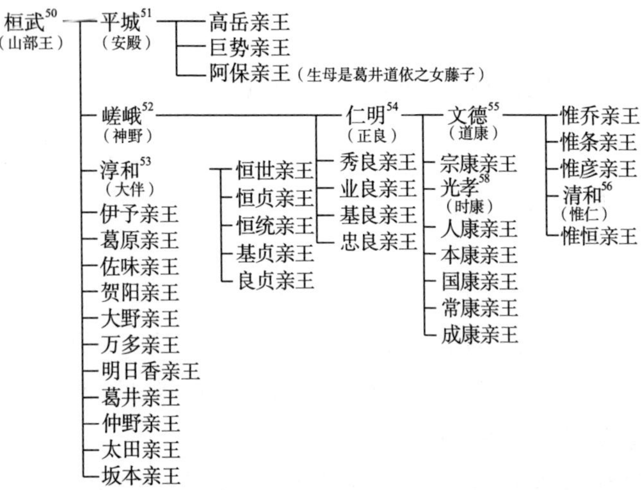

图 13　天皇家族的系字

“康”作为系字。之后继位的文德天皇的皇子一代的系字都是“惟”字。可见，经历了仁明和文德两代，系字的风格才得以固定下来。

藤原摄政世家的系字如图 14 所示，在冬嗣这一代，实名有一字的，有两字的，还有三字的。而到了冬嗣儿子这一代，“良”字成了系字，可只有长子长良一个人的“良”字在后，其他兄弟的“良”字都在前面。

然后，长良儿子这一代的系字是“经”，良房的养子基经之子一代的系字是“平”，可以说到了这个阶段，摄政世家的系字也固定下来了。

再来看一下桓武平氏武士世家的例子，如图 15 所示。

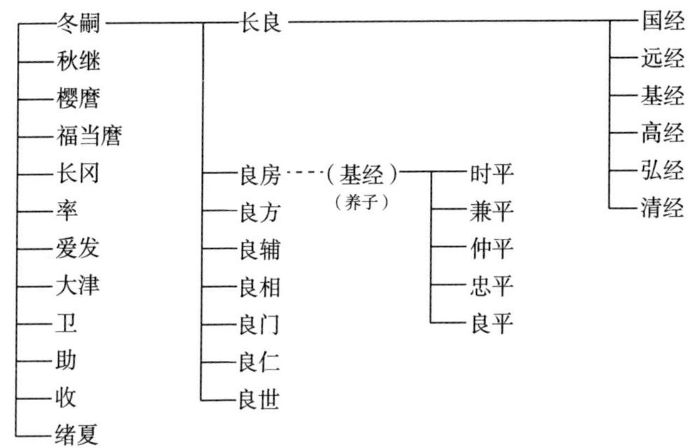

图 14　摄政世家的系字

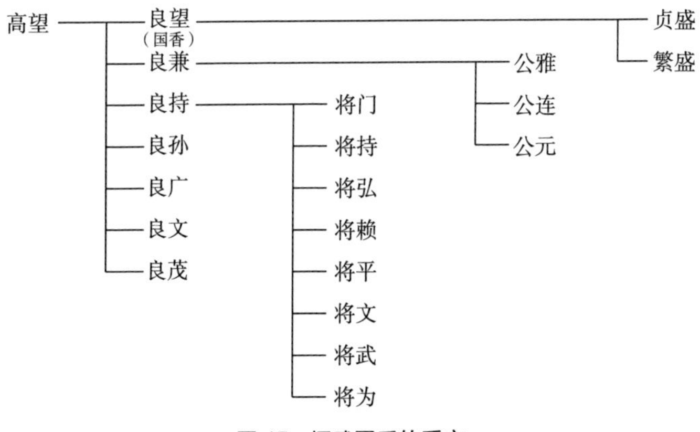

图 15　桓武平氏的系字

高望王之子这一代的系字是“良”，其长子良望（国香）之子这一代是“盛”，次子良兼之子这一代是“公”，三男良持（也叫良将）之子是“将”。虽然父辈是兄弟，但他们的下一代，系字就不一样了。

家族代代相传的通字

11世纪中叶，出现了新的情况。各个家族都开始使用前面所提到的家族代代相传的“通字”。天皇家族的情况如图16所示。

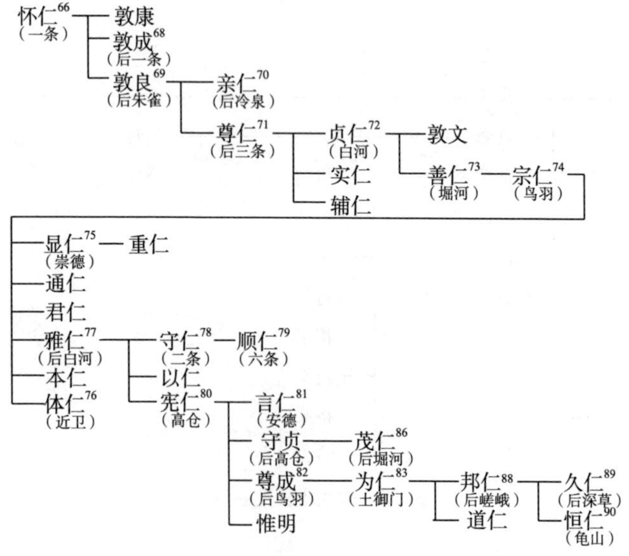

图16 天皇家族的通字“仁”的开始

后冷泉（亲仁）、后三条（尊仁）兄弟的“仁”字或许可以说是系字，白河（贞仁）、实仁、辅仁兄弟的“仁”字或许也可以说是系字。但是，后三条、白河、堀河、鸟羽、崇德等子传孙，纵向持续使用“仁”，此时“仁”字或许已经不能再说是系字了，而是确确实实的通字。

在天皇世家的系字向通字转换的时期，藤原摄政家族系字向通字的转换并不明显。他们的通字持续了两代，第三代就不再使用，就是说系字的余风尚存。

在清和源氏的嫡系世家，我们可以理解为赖光和赖信兄弟这一代的系字“赖”传下去转化为了通字。但也似乎可以认为，在武士社会被奉为神明的八幡太郎义家的“义”字，之后转化为了第二个通字。

桓武平氏武士世家的嫡系，似乎是在平清盛的祖父平正盛这一辈，以曾经参与讨伐平将门的先祖平贞盛的“盛”字作为通字的。

总之自平安时代中期开始，一直到明治维新，通字风气盛行。其中以“孝”字为通字的基家脉系的规则中途发生过变化，只取“孝”字的日语训读发音“TAKA”，将通字改成了训读谐音的汉字“高”或“敬”。

比较著名的通字有织田氏族的“信”，丰臣氏族的“秀”，德川氏族的“家”，这已是众所周知了。我们再举以下几个通字的例子：

奥州藤原氏清衡、基衡、秀衡、泰衡等的“衡”字；

镰仓北条氏时政、义时、泰时、时氏、经时、时赖、时宗、贞时、高时等的“时”字；

相模三浦家族的义村、泰村、家村、光村、朝村等的“村”字；

相模三浦家族的分支佐原系三浦氏的义连、盛连、经连、家连、重连等的“连”字；

虽与大庭、长尾、俣野、梶原等姓氏不同，但同为镰仓党的景正、景村、景明、景能、景亲、为景、景久、景时、景季的“景”字；

与江户、葛西、畠山、川越等虽然姓氏不同，但同为秩父党的重长、重赖、重能、清重、重忠、重保、重成、重朝等的“重”字；

千叶氏常胤、胤正、成胤、胤纲、时胤、赖胤等的“胤”字。

还有清和源氏足利氏，在镰仓时代以“氏”为通字，如义氏、泰氏、赖氏、贞氏、高氏（尊氏）等。但是，镰仓幕府被推翻以后，镰仓公方依然以“氏”为通字，有基氏、氏满、满兼、持氏等，继续以身为镰仓幕府的后嗣继承者为荣耀。而京都的室町幕府将军世家从第二代开始，则以清和源氏本来的通字“义”作为自己的通字，如义诠、义满、义持、义量、义教、义胜、义政、义尚、义稙、义澄、义晴、义辉、义荣、义昭等。因为镰仓初期源氏嫡系只传了赖朝、赖家、实朝三代就断绝了，所以这就等于在公开表示继承其后的是清和源氏的嫡系世家。在镰仓时代之所以没有使用“义”字，可能是因为畏惧北条氏吧。

另外，镰仓时代的新田氏最初也是以“义”为通字的，如义兼、义房、政义，之后改为使用“氏”字，如政氏、基氏、朝氏，变成了如足利氏一族那样。到了镰仓时代末期，朝氏的长子舍弃了曾为足利氏族通字的“氏”字，又改用清和源氏嫡系世家的通字“义”字，自称义贞。这可以解释为他最终还是表露出了背叛镰仓幕府及足利氏族的意图。

此类有关通字的故事有很多，数不胜数。

三、 禁用天皇的实名

排行通称的发展

《大镜》下“藤原氏的繁荣”条中有如下记载。

> 冬嗣大臣的御太郎长良中纳言
> 长良大臣的御三郎基经大臣
> 基经大臣的御四郎忠平大臣
> 忠平大臣的御二郎师辅大臣
> 师辅大臣的御三郎兼家大臣

兼家大臣的御五郎道长大臣

道长大臣的御太郎、现今的关白左大臣赖通大臣

《今昔物语》卷十九记载了有关“太郎子”“二郎子”“三郎子”兄弟的故事。再往下有江户时代的《年年随笔》之三中记载说，所谓排行，长兄称太郎，其次称二郎，之后称三郎、四郎，按序称呼。从十郎开始称余一、余二等，以此类推。即太郎、次郎、三郎原先并非名字，只表示长子、次子及三子的意思。

也就是说，它们指的是出生顺序，而不是名字，从这个意义上来说，可称之为“排行通称”。

这种“排行通称”从意思为长子的太郎开始，然后是次郎、三郎、四郎，一直到九郎、十郎，再之后是又可称作“余一”的余一郎、余次郎、余三郎，直到余九郎。就是说男子的定额是十九人。再后来，余一郎的“余”字还可以写成“与”，就成了“与一郎”。当时是没有称“余太郎”的，因为长子只有一人，所以绝对不可能有“余太郎”(多余的长子)。

源平交战前后还有如下的例子。有人的父亲为其祖父的太郎，而其本人又是其父亲的五郎，于是实名称作太郎五郎。若有人实名叫三郎四郎，那就表示他父亲是祖父的三郎(第三子)，而自己是父亲的四郎。这也可以叫作双重形式的“排行通称”。后来又出现了可谓简缩版的实名。太郎五郎的简缩版就是太五郎或大五郎，三郎四郎的简缩版就是三四郎。如果父

亲是祖父的太郎，自己同样是父亲的太郎，那是不会叫“太郎太郎”的，可称又太郎、弥太郎或者小太郎。比如北条义时就自称小四郎，因为其父北条时政是四郎，他自己又是时政的四子。

在“源平藤橘”四姓的概念渐渐固定下来的那段时期，开始出现在“排行通称”之前冠以源、平、藤、橘的情况。比如，源赖朝之兄称镰仓恶源太义平。当时“橘”字又经常被写作“吉”，如将牛若丸从鞍马山带出来因而闻名的金卖吉次。很多时候还会省略“郎”字，如梶原平三景时的“平三”。

实名具有灵性

《万叶集》的开头有这样一首长歌。

笼毛与、美笼母乳、布久思毛与、美夫君志持、此岳尓、菜采须儿、家告闲、名告纱根、虚见津山迹乃国者、押奈戸手、吾许曾居、师吉名倍手、吾己曾座、我许背齿告目、家呼毛名雄母。[1]

它说的是第二十一代雄略天皇在路边第一次见到有位姑娘

1 这首和歌的大意是：手提小竹篮，拿着小铲子在山坡上挖野菜的姑娘，请问你家住哪里，叫什么名字？这辽阔的大和国，都是我的国土，都是我的子民，请告诉我，你的住所和名字。

用小铲子在挖野菜，于是便前去询问小姑娘的名字。在当时，男子问女子的名字就是求婚的意思，如果女子把自己的名字告诉对方，就等于答应其求婚。

这是因为，若把名字告诉他人，就意味着将自己的名字中所含有的灵性交给了对方。反过来说，就意味着被他人知道自己的姓名是件可怕的事情。因为自己的灵性，比如命运和生命等，会被他人所掌握，具体地说就是有被诅咒的危险。

总之，当时的人们相信，名字中蕴藏着某种神秘的灵性。因此，实名也被叫作“名讳”，包含着忌讳被他人知晓的意思。

因此，五轮塔等古代墓碑上不雕刻名字也是理所当然。或许是因为哪怕在死后，被他人知道了自己的名字，也会被阻碍通往极乐世界。

尤其是女性，特别忌惮被他人知道自己的名字。因为她们相信这等于失去了贞操。所以，紫式部和清少纳言等人的实名，直到现在也无人知晓。

然而，若是生活中不告诉他人自己的名字，会带来诸多不便。于是，大家普遍使用那些“即使被他人知道也没有危险的名字”，或者是“不含灵性的名字”。这就是“通称”。在“通称”中官职名居多，有大臣、大将、大纳言、藏人、武者所等。这种习惯一直遗留到了现在，比如我们现在也都会相互称呼社长、部长、教授、先生、老公、老婆等。

武士的偏讳

如此这般，为了规避公开称呼实名，便有了偏讳。原本是因为敬畏天皇，所以自己或者自己孩子的名字里不能使用天皇名字里出现过的汉字。但是到后来，这个范围逐渐扩大了，慢慢演变成主人家的名字也要规避了。

这种偏讳现象原先主要存在于公卿社会，后来在武士社会也开始流行了。这种思想意识的根本，都在于相信实名具有灵性。而武士社会流行授予偏讳，则主要源于主人家想要获取本族人和家臣们对自己的忠心。

在武士社会，一般是在少年成人时授予偏讳。在表示成人的元服仪式上要给少年戴乌帽，必须请身份合适的人士来帮其戴上。这时，帮其戴乌帽的人又叫作“乌帽父”，而接受乌帽的少年又叫作“乌帽儿”。通过这种疑似的父子关系，来加强相互之间的纽带。

当戴乌帽仪式结束，乌帽儿就算完成元服，就是成人了。具体而言，就要弃用“某丸”之类的乳名，开始作为成人使用实名了。这时，通常会从乌帽父的实名中取一个汉字，再加上少年本氏族的通字，合成其实名。从乌帽父的名字中取一个汉字，叫作领受偏讳，或拜受一字。

北条氏得宗经常把自己名字中的一个汉字授予心腹家臣，以令他们对自己忠心。

镰仓幕府成立初期以来就拥有较强势力的安达氏，到了第三代的义景，便是从北条义时那里领受了“义”字。想必第四代泰盛的“泰”字，就是从北条泰时那里领受的偏讳吧。

历代足利氏族也是如此，除了家时一个人，基本上都是从北条得宗的实名中领受偏讳。足利义氏是从北条义时那里领受了一个“义”字，泰氏是从泰时那里领受了一个“泰”字，赖氏是从时赖那里领受了一个“赖”字，高氏和高国（后称直义）兄弟是从高时那里领受了一个“高”字。后来，高氏又从后醍醐天皇的名讳尊治中拜受了一个“尊”字，称尊氏。如此，以书面的形式写下一个汉字交给对方，又叫作“一字书出”。

图 17 表示的是镰仓北条氏族九代的情况。

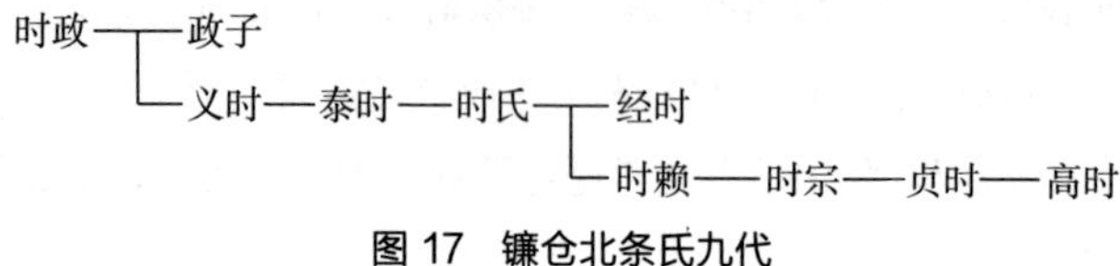

图 17　镰仓北条氏九代

但是主君将自己偏讳中的一个字写下来授予家臣，想以此来提高家臣对自己的忠诚度，似乎并没有什么效果。室町将军世家一直滥发偏讳，但最终还是因为太过严厉以至于丧失了权力。对地方大名而言，从将军那里领受到偏讳，这是一种荣誉，也可以提高自己的权威。所以地方大名们争先恐后地求得将军的偏讳。例如，第十二代将军足利义晴，授予甲斐国（山梨县）的武田晴信（后称信玄）一个“晴”字，第十三代将军义辉授予九州的相良义阳一个“义”字，授予越后（新潟县）的上杉辉虎（后称谦信）一个“辉”字。

主君授予家臣偏讳的事情，在大名与其家臣之间也经常发生。我们来看看以下几个例子。

大友亲世→宇都宫亲景
少弍资元→横岳资诚
北条氏直→北条氏盛
大内政弘→毛利弘元
武田晴信→小山田信茂
毛利元就→国司元相

即使是进入江户时代以后，德川将军授予大名一字偏讳、大名授予家臣一字偏讳的情况也层出不穷。

四、 普通平民的姓名

古代、中世平民的姓名

根据养老五年（721）“下总国葛饰郡大岛乡户籍”和天平五年（733）“右京计帐”记载，奈良时代平民的名字也相当多。

男性的名字有小山、忍羽、广国、古麻吕、若麻吕、荒濑等；女性名字有若卖、广刀自卖、宫卖、真都卖等，名字末尾的“卖”字如前所述，是表示名字拥有者是女性的一个结尾词。

在平安、镰仓、南北朝、室町等各个时代，历史资料上只能查到庄园的庄主这一阶层的名字。

若狭国太良庄（福井县）有一些上层农民不称姓只称名，如劝心、真利、时泽等，也有一些人姓和名都用，如宫河乘莲、协袋范继等。女性们有使用姓的，如藤原氏女、中原氏女等，但没有实名。

引人关注的是，镰仓时代弘长二年（1262）十月十一日的“近江奥岛百姓等庄隐置文”（《镰仓遗文》8881 号）中所记载的奥岛庄（滋贺县）农民十五人都有姓有名，如锦吉弘、秦宗重、纪重藤、纪延重、锦宗房、锦则吉、佐伯宗利、同利荣、纪国贞、菅原真清、高向真重、坂上助安、锦弘真、大中臣利弘、锦弘贞。

室町时代永正二年（1505）的“称名寺用途勘定状”中记载了金泽文库相关的人名，有春林、太郎次郎、孙七、源次郎、与次郎等。

江户时代平民的名字

进入江户时代以后，各种史料中出现了很多农民的名字。

现存《堀江家文书》记载了宝永五年（1708）三月相模国西富冈村（神奈川县）的全体农家户主六十人的名字。将其整理分类，结果如下。

"某兵卫"形式（26.7%）

七兵卫、忠兵卫、平兵卫、八兵卫、作兵卫、弥兵卫、吉兵卫、才兵卫、彦兵卫、久兵卫、惣兵卫、杢兵卫、小兵卫、伊兵卫

"某左卫门"形式（25%）

七左卫门、半左卫门、小左卫门、源左卫门、八左卫门、平左卫门、文左卫门、助左卫门、安左卫门、重左卫门、仁左卫门、惣左卫门、孙左卫门、喜左卫门

"某右卫门"形式（25%）

七右卫门、半右卫门、小右卫门、源右卫门、八右卫门、平右卫门、茂右卫门、杢右卫门、传右卫门、曾右卫门、勘右卫门、弥右卫门、三右卫门、九右卫门、次右卫门

"双字＋右卫门"形式（8.3%）

七郎右卫门、八郎右卫门、三郎右卫门、甚五右卫门、与惣右卫门

“排行 + 通称 + 兵卫”形式（3.3%）

市郎兵卫、七郎兵卫

“单字 + 排行 + 通称”形式（6.7%）

长八郎、三十郎、久次郎、庄次郎

其他形式（5%）

助藏、九之介、权介

若无论左与右，仅将以上名字分成含“兵卫”“卫门”之类的律令官职名形式与其他形式两种，那么律令官职名形式的名字竟占 88.3%。

也就是说，一个村子几乎所有的户主不是某兵卫，就是某卫门。就名字而言，在江户时代的农村，律令官职名的遗留根深蒂固，而且极其单一化。

女性的名字则显示出了多样性。我们来看同样是《堀江家文书》所记载的西富冈村女性名字的情况，即可发现，其特征是极少使用汉字，多是日语假名，而且发音方面基本上都是两个音节。比如：

さな、ちゃう、とよ、えつ、てふ、はる、とみ、しゅん、とめ、きよ、せん、いわ、さき、きゃう、いよ、はつ、たけ、ひろ、うめ、かゆ、てつ、ふさ、そよ、たよ、たえ、つな、もと、いせ、やお、きせ、ひさ、りん、よね、よし、まさ、くに、たか、すけ、きん、わか、はま、りよ、佐紀、米、福、まつ、こと、しま、かつ、みや、はな、やす、ろく、まる、いと、きそ、なお、ゆき、とな、わに、悦

近代以后的姓名

第三章中已经提到，明治三年（1870）五月，明治新政府为制定户籍进行了工作部署，同年九月十九日向全国发出布告，从那以后准许平民使用姓名。

接着在同年十一月，禁止使用旧国名和律令官职名作为名字。比如原田甲斐、伊达安艺、竹田出云等的姓名不能再继续使用了，大石内藏助、同主税、平手造酒等之类的姓名也被禁止使用。

因此，当时西乡吉之助便改名为西乡隆盛，桂小五郎改为木户孝允，大隈八太郎改为大隈重信，井上问多改为井上馨，伊藤俊助改为伊藤博文，大久保一藏改为大久保利通。

明治六年（1873）三月发出布告，说若从天皇的两字名讳和谥号中取一字作为实名是可以的，但禁止使用与天皇名讳相同的两个汉字。同时规定父子兄弟姐妹必须使用同一个姓氏。

明治八年（1875）二月十三日，规定国民有公开使用姓氏

的义务。因为之前的布告只是说“允许”对外使用姓氏，所以很多人都不称姓。

很多人仍然使用原来的“小名”。有的人忘记了自己的姓，便请里长或居住地寺院的和尚给其取一个姓。还有的人就直接使用主人家或地主家的姓。有的住同一个村子的人都使用同一个姓氏。还有很多人的姓来自居住地的地名，比如山上、山中、山下、川上、川中、川下等。

生活在海滨渔村的人，很多以渔具或鱼名为姓，如大网、大船、船方、田井（鲷）、平目等。住在耕地比较多的地方的人，有的姓大畑、广畑、大野、大原、大根、栗野、芜菜等。行商开店的人便以店名商号为姓，如八百谷（蔬菜店）、油屋、绀谷（染坊）、梶（打铁店）、纸谷（造纸店）等。

在废佛毁释运动中被迫还俗的僧侣们中，很多人的姓都带着浓重的佛教色彩，比如桑门、大乘、无着、方丈等。而神职人员则较多使用大和时代的中臣、苏我、大伴等为姓。

其中也有很多人的姓像是在开玩笑。比如，有人食量很大，于是姓大啖或大饭；喜欢喝酒的人，便取五升酒为姓；身强力壮的人则取姓为三俵担；有兄弟三人分了父辈的财产，于是就姓三分一；等等。

当公开使用姓名是国民义务的规定刚公布，石川县厅就向内务省咨询了有关夫妻姓名的问题。因为政府在明治六年（1873）三月发出的布告中宣布“父子兄弟姐妹必须使用同一姓氏”，但是其中少了“母”这一项。于是明治九年（1876）

三月内务省回复石川县政府说："妇女嫁人，亦须使用出生时的姓氏。但若要继承夫家产业，则应称夫家姓氏。"

明治新政府的官僚们原来都是江户幕府末期的仁人志士。他们喜欢阅读赖山阳的著书《日本外史》和《大日本史》，书中描述源赖朝的正房妻子北条政子时称其"平氏"，描写织田信长的妻子浓姬时称其"斋藤氏"。内务省的回复就是按照这一思路来的。妻子使用娘家的姓，事实上就是指令夫妻不同姓。

但是，明治三十一年（1898）六月二十一日，颁布了民法和修正户籍法，又规定女性婚后不能再用娘家姓氏，必须使用夫家的姓氏。

到了明治末期，女性的名字发生了很大变化。原来只有皇室、公卿世家或者是大名等公主女眷们才能使用的"某子"形式，也开始出现于一般平民百姓女性的名字中。

在津田梅子、上田贞子、下田歌子出生时的那个年代，"某子"还是公主们使用的。但是到了与谢野晶子、大塚楠绪子、平塚明子、樋口夏子（一叶）的时代，"某子"已经成了平民女性的名字。进入大正时代以后，"某子"形式的名字愈发盛行起来，到了昭和时代又进一步加快了流行的速度。

《朝日新闻》平成十五年（2003）八月十八日的晚报刊登了明治安田生命保险公司按出生年统计的最受欢迎女子名的调查结果，大正三年（1914）最受青睐的女子名是"静子"，到昭和四十一年（1966）为止，一直是"某子"占据着第一的位置。

在调查所覆盖的时间范围内，在昭和元年（1926）以后的二十年中，带有“昭”字或“和”字的名字，不论男女，都占据首位或逼近首位。男性名中有昭雄、昭夫、昭彦、和雄、和夫、和彦等，女性名中有昭子、昭代、和子、和代等。这或许体现了人们对平民时代寄予的期待。

此外，以前一直是男性使用的名字，也开始有女性使用了，而一直是女性使用的名字，也开始有男性使用。日本姓氏的历史又将翻开新的一页。

各色各样的日本人的姓名，今后将会如何发展呢？

日本大正、昭和、平成年代被使用最多的男女名字

（根据明治安田生命保险公司按出生年的名字进行的调查结果制作）

年代	男	女
明治 45、大正 1 年	正一	千代
2	正二	正子
3	正三	静子
4	清	千代
5	辰雄	文子
6	三郎	千代子
7	清	久子
8	三郎	久子
9	清	文子
10	清	文子
11	清	文子
12	清	文子
13	清	幸子
14	清	幸子

续　表

年代	男	女
大正 15、昭和 1 年	清	久子
2	昭二	和子
3	昭三	和子
4	茂	和子
5	清	和子
6	清	和子
7	勇	和子
8	清	和子
9	明	和子
10	弘	和子
11	清	和子
12	清	和子
13	胜	和子
14	勇	和子
15	勇	纪子
16	勇	和子
17	胜	洋子
18	胜	和子
19	胜	和子
20	胜	和子

续　表

年代	男	女
昭和 21 年	稔	和子
22	清	和子
23	博	和子
24	博	幸子
25	博	和子
26	茂	和子
27	茂	和子
28	茂	惠子
29	茂	惠子
30	隆	洋子
31	隆	惠子
32	诚	惠子
33	诚	惠子
34	诚	惠子
35	浩	惠子
36	浩	惠子
37	诚	久美子
38	诚	由美子
39	诚	由美子
40	诚	明美

续　表

年代	男	女
昭和 41 年	诚	由美子
42	诚	由美子
43	健一	直美
44	诚	直美
45	健一	直美
46	诚	阳子
47	诚	阳子
48	诚	阳子
49	诚	阳子
50	诚	久美子
51	诚	智子
52	诚	智子
53	诚	阳子
54	大辅	智子
55	大辅	绘美
56	大辅	惠
57	大辅	裕子
58	大辅	爱
59	大辅	爱
60	大辅	爱

续 表

年代	男	女
昭和 61 年	大辅	爱
62	达也	爱
63	翔太	爱
昭和 64、平成 1 年	翔太	爱
2	翔太	爱、彩
3	翔太	美咲
4	拓也	美咲
5	翔太	美咲
6	健太	美咲
7	拓也	美咲
8	翔太	美咲
9	翔太	明日香
10	大辉	萌
11	大辉	未来
12	翔	さくら、优花
13	大辉	さくら
14	骏	美咲、葵
15	大辉	阳菜
16	莲	さくら、美咲
17	翔、大翔	阳菜

续　表

年代	男	女
平成 18 年	陆	阳菜
19	大翔	葵
20	大翔	阳菜
21	大翔	阳菜
22	大翔	さくら
23	大翔、莲	阳菜、结爱
24	莲	结衣
25	悠真	结菜
26	莲	阳菜、凛
27	大翔	葵
28	大翔	葵
29	悠真、悠人、阳翔	结菜、咲良
30	莲	结月

后 记

源平交战时期有位武将，名叫熊谷直实。他身强力壮，勇猛过人，在一谷战役中一战成名，成为镰仓武士的典范。若将其全名分解，即如下：

地名		氏		实名
熊谷	乡司	平	次郎	直实
姓	职务名		通称	通字

从他的姓中可知其出生地，从他的氏中可知其出身，从他的名中可知其在领地内的职务名，从他的通称中可知其在兄弟中排行老几，他的名字也反映出其个人实名及其氏族的通字等。

这些名称各自都带着社会性的意义，反映了历史的变迁。稍许夸张一点，或许可以说，只要看姓名，便可知其人。

从这个意义而言，姓氏的研究也与考古学或古文书学一样，完全可以独立构成历史学的一个研究领域。我之所以将本书的书名题为《日本姓名的历史学》，就是出于这样一种考虑。

各位读者若是通过阅读本书，能去分析一下自己的家族及姓氏，或许也不失为一种有意思的余兴。我相信各位一定会有所收获的。

在本书出版的过程中，得到了角川学艺出版社伊藤贤治氏的诸多帮助，在此深表感谢。

奥富敬之

2004 年 2 月